中华先贤人物故事汇

董仲舒

杨萌 著

中华书局

图书在版编目(CIP)数据

董仲舒/杨蓓著. —北京:中华书局,2023.5(2024.5重印)
(中华先贤人物故事汇)
ISBN 978-7-101-15983-7

Ⅰ.董… Ⅱ.杨… Ⅲ.董仲舒(前179~前104)-生平事迹
Ⅳ.K825.1

中国版本图书馆 CIP 数据核字(2022)第 211812 号

书　　名　董仲舒
著　　者　杨　蓓
丛 书 名　中华先贤人物故事汇
责任编辑　董邦冠
责任印制　陈丽娜
出版发行　中华书局
　　　　　(北京市丰台区太平桥西里38号　100073)
　　　　　http://www.zhbc.com.cn
　　　　　E-mail:zhbc@zhbc.com.cn
印　　刷　三河市宏达印刷有限公司
版　　次　2023 年 5 月第 1 版
　　　　　2024 年 5 月第 3 次印刷
规　　格　开本/787×1092 毫米　1/32
　　　　　印张4½　插页2　字数50千字
印　　数　5001-8000 册
国际书号　ISBN 978-7-101-15983-7
定　　价　20.00 元

出 版 说 明

　　孔子周游列国，创立儒家学说；张骞出使西域，开辟丝绸之路；书圣王羲之，留下了曲水流觞的佳话；诗仙李白，写下了"举头望明月，低头思故乡"的名篇；王安石为纠正时弊，推行变法；李时珍广集博采，躬亲实践，编撰医药学名著《本草纲目》……

　　这些杰出的历史人物，有的是在中华民族文明进程中做出过突出贡献、对后世产生过巨大影响的思想家、政治家，有的是对中华优秀传统文化的传承传播发挥过重大作用的文学家、艺术家、科学家，有的是为国家安定统一、民族融合团结和中外文化交流做出过杰出贡献的军事家、外交家……他们为中华民族的繁荣发展做出了伟大的贡献，他们的行为事迹、风范品格为当世楷模，并垂范后世。

他们是中华民族的先贤人物。他们的思想、品德、事迹，是中华优秀传统文化的结晶；他们的故事，是对中华民族的禀赋、特点和气质最生动、最鲜活的阐释；他们的名字，在五千年中华文明史上最为光彩夺目；他们为五千年中华文明史书写了最为光辉灿烂的篇章。

为了解先贤，走近先贤，我们精心组织编写了这套《中华先贤人物故事汇》丛书，以翔实可靠的史料为依据，细腻动人的故事为载体，真实地呈现中华先贤人物的事迹、品格和精神风貌，彰显他们的贡献和功绩，激发人们对国家民族的热爱，对中华文明、中华优秀传统文化的崇敬。

开卷有益，期待这套丛书成为你的良师益友。

目 录

导 读

　　董仲舒，西汉时期的政治家、思想家、教育家。他一生历经汉文帝、汉景帝、汉武帝三朝。董仲舒用他建构的新的儒家学说，努力尝试约束、规范封建统治者的权力，促进了国家统一与社会安定。经过董仲舒的努力，儒家思想第一次成为中国大一统王朝的正统思想。

　　汉景帝时，董仲舒为博士，讲授《公羊春秋》。讲学时，在堂上挂一副帷帐，他在帐中讲，学生在帐外听。由于慕名而来的人实在太多，只好让他的得意门生吕步舒等转相传授。很多人跟从董仲舒学习多年，却没有机会同他见上一面。

　　在此期间，董仲舒还凭借着自身广博的学识和卓越的思辨能力，实现了儒家学说与道家、法家、阴阳五行等思想的整合，并将这些学说对天人关系的探讨，应用于君民关系的实践之中，为儒学成为政治上的指导思想创造了条件。此后，汉武帝听从他的建议，适当降低了其他诸子百家的地位，儒学从此成为传统社会正统思想。

汉武帝时，董仲舒出任江都国国相。汉高祖的陵园和寝庙接连发生火灾，董仲舒为此草拟了他对时政弊端的看法，然而却被人盗取草稿并向朝廷揭发，董仲舒因此下狱，险些斩首，后被汉武帝下诏赦免。此后，有人心怀叵测地向汉武帝推荐董仲舒做胶西王刘端国相，想要借刘端之手除掉董仲舒。然而，刘端因为敬仰董仲舒是著名的大儒，待他始终较为尊重。

董仲舒晚年辞官归家，著书写作。他的传世著作有《春秋繁露》《天人三策》以及《士不遇赋》。他虽然辞官在家，国家每有大事商议，汉武帝都会派人前去请教。

董仲舒死后葬于西汉京师长安西郊。汉武帝为了表彰他对国家的贡献，在经过他的墓地时，特地下马致意，他的墓地也因此成为了著名的"下马陵"。

白狐守冢

一

公元前221年，秦始皇统一中国。他追求长生不老，推行严刑峻法，焚书坑儒。法家与神仙家获得无上尊崇，而儒家竟沦为末流。当时，天下只剩下医药、占卜和种植的书。秦始皇病逝后，遗诏令长子扶苏继承皇位。奸臣赵高联合丞相李斯，矫诏逼令扶苏自尽，拥立始皇第十八子胡亥登基。

数年后，秦朝灭亡，西汉建立，国家推行道家的黄老政策，历史翻开了新的一页。

汉武帝建元元年（前140），北邙山上，古柏阴森，萤火在草间忽明忽灭，石碑残断横陈，有白狐在草间出没。

"公子扶苏自杀后，就葬在这山间野地，附近恐怕就是他的墓冢了。"夜黑如漆，有两个人影儒服装束，牵一匹矮脚马，在林下穿行，仿佛在寻找着什么。摇曳的火光照亮了二人身上的佩印，印文隐约都带有一个"舒"字。

"秦始皇死后，如果是公子扶苏继位，秦国就不致于灭亡了。可惜，继位的二世皇帝胡亥是那等昏庸无能之人。"一个充满少年气息的声音显得有些愤愤不平，"董先生，人们都说，秦始皇在沙丘临终之际，原本打算让长子扶苏继位，但奸臣赵高胁迫丞相李斯，阴谋篡改了诏书，最终立了秦始皇的幼子胡亥。"

身着黑地云纹锦衣的少年说罢，目光炯炯地看着身边的人。在他身旁是一个体型纤瘦的男子。他双眸微动，瞳仁中闪着流光。

"秦始皇和胡亥生性残暴，公子扶苏却受到百姓爱戴。他不愿与手足自相残杀，更不愿看到因皇位纷争而引起天下流血。他是为了苍生大义，而选择牺牲自己一人的。"布衣男子说罢，向四野望去。月出东山，云雾正在退去，遍地的残碑断石，犹如被战后遗弃的乱尸一般，在皎白月色的映衬下，显得越发苍凉。

布衣男子有意调整了严肃的神情，心气平和地说道："秦始皇重用那些方术之士，自以为可以得到永生，长生不死，因此迟迟没有立太子。否则，只要他在生前明确继承制度，规定皇位永远只由嫡长子继承，就不会发生继承人被篡改的悲剧了。还有，他作为君主，残暴不仁，如果遵循孔子的春秋笔法，你最多称他秦王便可，不必尊称他为皇帝。"

"还好本朝太子都立得早，不曾发生这样的事情。"锦衣少年改口说道，"秦王是个迷信法术方士的昏君，他还没收了全国上下的兵器和图书，不许百姓私藏书籍，让举国上下至今无书可读。"

布衣男子听罢，显得似乎有些力不从心地说："汉家兴起以后，呼吁民众献书，开始向民间收集幸存的篇章，甚至准备安排写书的官员，专门负责抄写这些从民间收上来的书籍。然而毕竟经历过秦代焚书的劫难，书简缺脱，能够找回来的只是片鳞

白狐守冢　　3

半爪。"

锦衣少年的眼底闪烁起期许的光芒，顷刻间，那目光却又变得有些僵直，似乎是透过桑林间那疏朗的枝条望见了什么……

夜幕中，似乎总有一双眼睛在暗处窥视着他们。

布衣男子凝神屏息，若有所思地回头望向桑林，说道："别担心，附近必是有养蚕的人家。"

就在这时，那些断碑的石缝深处，却隐约传来一阵窸窸窣窣的声响。

那动静越来越大，仔细听去，声音的源头似乎还越发靠近……

忽然，一只银白色的小野兽猝不及防地由石缝深处跳窜出来，昂首摆尾，立在了一块断碑顶端。

那是一只毛色纯白的野狐。它经过的路上，淅淅沥沥地留下了鲜红斑驳的印记。它回身瞥见二人，又猛地向远方跳脱而去，消失在这山林月色中。

"这里是盗贼多发之地，经常有匪徒出没，即便有前人的秘藏，恐怕也早已遭到毁损……"锦衣少年正担心，寒光一闪，一支不知哪里飞来的铜箭在空中划过一道弧线，最后硬生生插入乱石阵中。耳畔顿时响起些许回声，那声音冰冷清脆，有如击磬。

半晌，四周逐渐安静下来，似乎已经风平浪静。但那突如其来的一幕过后，山林中的任何风吹草动，都开始令人毛骨悚然。

"磨镜药还有吗?"布衣男子神色如常，起身问道。

原来，箭镞下是一枚锈色斑驳的铜镜。周边泥泞的土壤里，还掺杂着一些残断的竹片。

锦衣少年应着，递过了磨镜药和一方白毡子。

一番抚拭，那铜镜流泽生辉，光亮可鉴。铜镜背面的博局纹起伏相错，镜纽处似乎是一种太极图。凑近烛火细看，铜镜的一角还镌刻有一列花纹，那纹路活灵活现，有如蜿蜒游动的蝌蚪。

乱石中翻寻一阵，再无所获。

"这便是先生苦寻多年、孔子所作的《春秋》?"锦衣少年拾起那些轻薄细长的竹片，忍不住用拇指抚弄上面的墨痕。

少年拾起那些竹片，忍不住抚摸上面的墨痕。

"或许应该说……是吕不韦作的《春秋》。"布衣男子轻轻摩挲着下巴，"与秦始皇不同，公子扶苏生性仁厚，生前反对严刑峻法和焚禁诗书，他甚至还善待吕不韦的后人。"

"吕不韦生前，集结宾客幕僚著成的那个一字千金的《吕氏春秋》? 据说，书成之后，他特地在最繁华的咸阳市门悬赏炫耀，扬言说，但凡有人能改动他书中一字，他便给予千金作为赏赐。"锦衣人似是自言自语。

布衣人却只是一笑，缓缓仰头，望向天外密布的乌云，发出轻声一叹："可惜了，吕不韦的治国大略，其实就藏于那几卷《吕氏春秋》中，秦始皇翦灭了吕不韦的势力，后来也没能很好地利用他的学说。"

这时，不远处的枝叶疾速地沙沙作响，待回过神来，一双靴子已在眼前站定。

"看你们二位年纪轻轻，是哪里来的盗墓贼? 胆敢半夜入山行盗!"眼前是一个白眉老翁，他厉声发问，目光中带着怒火。这老翁须眉尽白，衣着不似当地人——头上戴帽而不着冠笄，一身短衣楚服，袖长及肘，衣摆掩膝。

"对了，鄗姓狐，名貌，原是濮阳人，世代在此地替家主看守这片土地，至今已有七十余载。"老翁背着手自报了家门。

"看模样你们是儒生？儒者最初就是以操持丧葬为业的，你们这是打算干回老本行？庄子早讲过，有一个大儒带着一个小儒，白天装模作样，为有丧事的人家主持葬仪，夜里却又偷偷挖开棺墓，盗取人家陪葬的宝物。庄子所说盗墓的大儒、小儒两个人，可就是你们二位吧？"老翁收起严厉的口吻，一边只顾低头拍打着身上沾染的尘土，一边喃喃地说。

老翁对面的布衣男子抬起头，目光迎了上去，眼神中却丝毫不见怒气，说道："原来您是晋国卿士的后裔。三晋曾比秦国更有统一天下的气概。狐氏、令狐氏都出于姬姓，是名门望族。狐氏家大业大，这姓氏原本很是常见，但如今已经越发稀少了。相传周平王有位王子十分仁德，周平王在他冠礼之时，就请人为他起字叫作"貌"。狐有鬼神附体，而'貌'是狐中最佳者，即白狐，要敬而远之。狐有人类所不能比拟的美德，而晋国的狐氏家族也正是以忠义而名闻天下……"

落魄多年的狐翁兴许是被这番话所打动，又惊又喜，显得竟有些不知所措。

"太常博士官一般人可是见不着的。"锦衣少年在一旁噗嗤一笑，手里提溜着一段丝绳，丝绳另一端系着一个方形佩印，被他有些漫不经心地晃荡着。

狐翁瞪大了双眼，锦衣少年便将二人的佩印都凑近给他瞧。

狐翁略识几个字，盯着两方姓名印，只见两方不同的印上却都有一个"舒"字。

"莫非，您就是那个做了三朝博士官的董仲舒！"狐翁激动得手足无措，一把拽住那织着金锦的袖子。

"不，不是在下，我只是董先生的弟子——吕步舒。"锦衣少年不自觉地将身体向后缩了缩，用眼神向狐翁示意那身穿褐色布衣的男子所在。

狐翁看着那一身粗麻布衣，又看了看他身后那身型矮小、毛色不纯的马，愣了愣神，似乎感到难以置信："这样显赫的高官，怎么会骑这么一匹不好看的母马出门呢？我那女婿，亭长那么点大的官，都绝不乘这样的马。"

吕步舒笑了笑，回答道："当年，孔子称赞弟子颜回'一箪食，一瓢饮，在陋巷，人不堪其忧，回也不改其乐'。颜回每天一竹笼饭，一瓢冷水，住在一间破房子里，一般人忍受不了这种清贫，而他却能安贫乐道，淡然处之。董先生虽然官居高位，可也没有丢失这样的儒家风骨。"

"原来……人不可貌相啊。"狐翁叹了一口气，自言自语道，"你起'步舒'这个名字，是下决心要追随仲舒先生之意吧！"

"所以方才那支箭是你发出的？"锦衣少年以为方才的箭意在警示。

狐翁却突然神情紧张起来，口中吞吞吐吐，神秘兮兮地示意二人跟着他，一起向山脚下走去。

二

夜色已深，星色阑珊，斗柄西悬，远处，风雷之声滚滚而来。

"听这声音，若是下雨，这路就不好走了。不如先到我家暂避一阵。"狐翁边回头边加快了脚步，皱着眉头，口中又喃喃自语地发出了疑问："奇怪，都这个时节了，一般可不会有什么雷雨啊。"

"是辂车的声音。"董仲舒心中一紧。

不出百步，便是狐翁盖的茅屋。

应声开门的，是一个穿着白麻布衣的女孩——那是狐翁唯一的女儿。她不曾言语，只是脸上一直挂着羞赧的笑容，又赤着脚爬上屋檐，抽了些干草，似乎想要帮助客人喂马。

女主人狐媪有些颤颤巍巍地端上了菜肴——那是一盘裹着蜜糖的金黄色面食，对二人道："这是蜜饵膏环饼，是新捕到的野乌鹊，拌梅子肉一起炮制的。往常七月里，寒舍只能以腌葵菜待客，招待不周，请先生见谅。"

"乌鹊原本肉性辛酸，难以下咽，而它却气味甘香。"吕步舒不由得发出赞叹。

"这个气味，恐怕不是燃烧新柴所能做到的味道，烧的柴应当用的是车轮之类吧。"董仲舒随口说道。

"唉！都是因为屋里的柴草早就用光了。你们有所不知，最近有一伙强盗，领头的是个年轻人，常在夜间率众出城，任由马匹践踏我们的庄稼地。这伙人行踪诡秘，有时夜里还挨家挨户地敲门索要酒食。这庄稼地的收成，糊口尚嫌不足，又哪里来的粮食酿酒！这一带的亭长正好是我的女婿，他们日夜查访，把这伙人的踪迹呈报给了县令，县令却只是装模作样派人搜捕一阵，后来自然是不了了之。方才胡乱放箭的也正是他们。"狐翁解释道。

"他若是经过你家呢？"吕步舒问道。

"他若敢来我家，我会用一句话招待那小子——没有酒，只有尿！"

就在这时，院落外浮现出星星点点的火光，那些火光三三两两，闪烁跳跃，悬浮在半空。接着，马蹄声由远而近。

狐翁随即出门查看情况。眼前却出现了十多个黑影，那是十多个高大健硕的骑士。那些骑士身后的马上还各挂着三五只豺狼狐兔，毛皮的颜色在火烛的照射下闪着光泽。

待回过神来，狐翁和白衣少女已经被几个陌生人捉住。

又有二三十个红衣赤帻的人，不知由哪里冒出来，迅速沿着这些骑士的外围围成了一圈。紧接着，两队人马像是数不清的黑点与红点，互相围绕周旋，势力此消彼长。

就在那个圆圈的中央，一辆马车渐渐停下。

那辆马车的正对面，一个身着红衣的中年男子从一匹高头骏马上跳下，拦住了马车的去路。他手中拿着二尺板和索绳——那是亭长准备收执盗贼的信号。亭长手下的卒吏们头戴赤帻，身穿红衣，小腿上裹着行縢，个个带剑佩刀、持盾被甲。

"盗贼可算是抓到了。就是你们纵马踩踏农田，还盗取了宗庙外一方竹席？"只听亭长说道，"一大早让我听见你们偷盗竹席，你们就应当被判处死刑。因为，孔子说过'朝闻盗席，死可以'。"

"偷块竹席，无论如何也不至于死刑吧，这比秦朝的法律还要过分了。"吕步舒小声嘀咕道。

董仲舒说道："他听见的那句话，应当是《论语》里的'朝闻道，夕死可矣'。原本的意思是，早上能够悟见道理，即使晚上死去，便也无憾。"

"毕竟世上的书籍都让秦始皇给烧成了竹炭，今天的人只能道听途说，以讹传讹。后来的《春秋》和《论语》已经算字句清晰的了。这世间最早的书——《书》，又名《尚书》，即上古之书，是晁错从九十高龄的老儒伏生那里听写下来的，伏生是济南郡人，方言口音重，真不知被错听成了什么模样。"吕步舒道。

二人打算看那一众车马如何应对。却见那车前的骑士毫不慌乱，调头便去向辂车主人请示了一番。随后，隐约听见辂车里传出略显不耐烦的声音："是我之前未说明白，还是你们听迷糊了？"

车里的人没有露面，但依然能从声音判断出是个年纪不大的年轻人。

不一会儿，骑士便回转来，以一种目中无人的架势开口道："我家主人，乃是平阳侯。"

平阳侯是赫赫有名的开国功臣曹参的后人。这一代袭爵平阳侯的应该是曹参的曾孙曹时。曹家历来遵奉黄老道家，当年，曹参执政时，什么事情都不管，终日只是逗猫遛狗。曹参还专门定制了一口大缸，各地官员一有文书呈报，看也不看就直接丢进去，积满一缸后便全部烧掉。

对方虽然身份显贵，可亭长依然正气凛然，说道："我只知道，王子犯法，与庶民同罪！"

然而，那场狩猎仿佛丝毫没有被打断过。骑士甚至没有理会他，依旧旁若无人地质问着身边的人："刚刚放走猎物的是谁？"

一个家臣模样的人下马走了出来。他努力低垂着目光，用颤抖着的声音回答道："臣方才已捉住那只小狐，却一路看见一只白色的老狐紧紧跟随着我们，步步哀鸣，实在于心不忍，于是擅自放走了主人的猎物。"

此刻，亭长逐渐辨认出了那个家臣模样的人，那正是他的上级——北邙山的县令。

一旁的狐翁神情焦急，张开口似乎想要说什么，却又一下顿住了。当额头上的汗水顺流到嘴边，才开口。

"其实，我原先还有一个女婿，是个商人。去年，他乘船出海，遭遇风浪，家中人日夜企盼，却依旧没有音信。大半年过去后，大伙见希望落空，逐渐心灰意冷，料定人已死了，于是只好将女儿再嫁。谁知，前日他突然就回来了，还向县里告了我们。如今，亭长也无能为力。小女恐怕要被判刑，我们全家也都要沦为官奴了。"狐翁边说边抽泣。

董仲舒听罢，看了看县令，对平阳侯一方说道："这位下属，如果非要说他有什么过失的话，这位平阳侯的猎物里有幼兽，他作为下属却没有劝谏阻止，这才是他的过失。后来，他中途被狐狸的亲情打动，擅自放走小狐狸，但也是可以理解的。《礼记》中说'士不麛不卵'。不论战争还是狩猎，都要放过幼小孤弱。"董仲舒说着，目光顺势落在了亭长身上，又对亭长一方说："如今，只是动了宗庙的一方竹席，就已经要被处以最重的族刑，那么将来，有人动了高皇帝长陵的一抔土，你们还能怎么给他加重惩罚？"

车里的平阳侯瞬间将目光移向了这个穿着粗布衣裳的人，并没有反驳，只是眼里闪过一丝惊讶，似乎是认出了眼前这位博士官。

"是时候回宫了，万一事情闹大，被太后发现可就麻烦了。"平阳侯压低声音，对身边的人嘀咕。

旁边一名骑士便劝谏道："此处虎豹豺狼出没，请主上移驾。"

"也罢，今日已经获猎众多，既然亭长不让我们留宿，我等且去寻一间客栈休息，曹某还想改日再向先生请教。"平阳侯的语气突然变得缓和，声音也很快消散在了清爽的夜风中。

那平阳侯的一众人马消失后，吕步舒自言自语道："这人到底什么来头，架子这么大，还神秘兮兮的。"

三

卧榻之上，董仲舒辗转反侧。睡梦之中，只有隐约的秋草虫鸣声。可不知什么时候，空中又激荡起金属碰撞的声响，久久挥之不去。

迷蒙中，董仲舒起身寻去，只见眼前一片寒光，冰冷而又刺骨——那是红衣人高擎着的带着利刃的刀斧。红衣人就这样系着一名白衣女子，在黑暗中夜行。

那女子没有任何反抗，腰身一侧的单璜玉佩随着迈开的脚步，和着金属碰撞的声音，声声作响。

董仲舒正要开口，背后却忽然响起一个声音："先生今日造访寒舍，巧遇官兵上门相索。当今天下，只有先生能够救人于水火。铜镜乃家主生前所赐之物，如今便赠予先生了。"

董仲舒蓦地转身，却不见任何人影，但见脚下躺着一只白狐。

那白狐似乎受了箭伤，渗出的红色血水已经有些凝结，呈现出一个屈曲的形状。

董仲舒听罢，虽不甚明白这白狐所为何事，但素来听说有古墓被盗，墓中出现白狐的轶事，知道了这大抵是为先人守墓的灵狐，于是问道："敢问主人是？"

白狐没有直接回答，只是说："这是秦宣太后的匠人所制。"

秦宣太后是中国历史上第一个被称为"太后"的人。宣太后本是楚国的公主，秦楚两个大国素来有联姻的传统，她嫁到秦国后，原本只是秦惠文王地位不高的姜，之后她诛杀了秦惠文王与秦武王的王后，让自己的儿子当上了秦王。她对外灭义渠国，还与楚国宣战，颇有政治手腕。

"本朝女主都被尊奉为'太后'，这个做法正是从秦国开始的。本朝从吕后到窦太后，她们个个手握权力，雷厉风行，甚至掌握着太子的废立……这些也都是效法宣太后的吧。"白狐随口说道。

的确，当今的太后——天子的生母，曾经嫁给一个名叫金王孙的平民，并且，她是在生有一女之后，又被母亲送入皇宫，生下太子，一步步成为太后的。

董仲舒不由得想起那狐翁一家。忽然，一阵痛苦的呻吟声在黑暗中回响，接着，那环佩声、脚步声步步紧逼，仿佛重重踩在心头。

"董某不解，汉家治国，却沿用秦朝法律，秦朝法律苛刻，民怨四起。如今道家当政，为何坐视而不管？"董仲舒似是自言自语地问。

白狐这时失望地摇了摇头，忽然消失不见。董仲舒从榻上惊醒，方知一切原来是梦。

"汉家建立以来，一直是以平阳侯和窦太后为首的这些道家人物在打理朝政。道家虽然清静无为，不擅改法纪、扰乱百姓，但也就意味着其中延续的秦法也不作变更。如此一来，实际仍然是法家当道，汉家恐怕会重蹈亡秦覆辙。"董仲舒紧紧握住铜镜，镜面在月色下闪过一道清亮的光辉，倒像是一件兵器的利刃。

此时，渐露曙光的长安城，诸子百家已经汇聚一堂，天子的策问即将开始……

朝堂策问

一

宫城北门缓缓开启，朝阳的光芒倾泻而下，将一个少年的轮廓勾勒得清晰而耀眼。

"师傅，儒家究竟有哪些人才？"汉武帝刘彻突然停下迈开的脚步，对着刚刚由他的太子太傅升为丞相的卫绾说道。他目光笃定，似乎是在询问，又似乎不是。

"鼹鼠野兔，这些在田间寻觅就可以了，但陛下若想猎得虎豹熊黑，则须深入深山老林里去找。"卫绾站在一束曙光里，迎接着狩猎归来的天子，面带微笑地答道。

诸子百家的精英们早已站在长阶之下。他们纷纷整肃衣冠，走上宫殿的台阶。宫殿深处，天子端坐在帷帐中。透过帷帐，隐约还可以望见三五个人影，那是手持扇子的宦者，以及屏风后的文吏。

"今天希望向诸位先生请教国家兴亡之事。"帷帐中传来一个略带稚气却不失威严的声音，"请诸位先生告知，这世间究竟什么才是'天命'？商代有成汤灭夏、周代有武王伐纣，他们究竟算弑君篡位还是受命于天？"

面对高堂之上的稚嫩身影，堂下并没有人应声回答，反而不时传来一些无关的窃窃私语声。抛出的问题犹如石沉大海，没有掀起一丝波澜。

许久，太常官见无人响应，问道："道家博士中有谁能答？"

"商汤、周武都是用暴力杀死自己的国君继而夺取王位，这当然是弑君犯上。"一个声音打破了沉默。那是道家最年长的博士官黄生。

"儒家博士中可有人能答？"太常官发问的时候，似乎别有意图地将目光投向已经九十高龄、最为年长的儒家诗经博士辕固。

"臣素来以治诗书为主，此题超出了臣的能力与职责范围。"辕固看出这题中自有陷阱，果断地加以推辞。

"老先生谦虚了。儒家向来喜欢琢磨天命，不可能没有想法，还是说，儒家现在也识时务了，打算改学道家无为而治了？"黄生的语调中带着一丝轻蔑，继续说道："我朝自立国以来，都是用道家和法家的方略治理国家。儒家还是安分地诵读圣贤书、摆弄摆弄礼乐也就罢了。"

此时，在座的儒生们一时沮丧，然而又无可奈何。

"怎么又是他俩……"

"唉，这两位果然又开始了……"

"儒家不是还有别人吗，好像还有广川人董仲舒？你们儒生不如请教于他，我们也想一听高见。"庭下观望的人群早已习惯了这两位这些年的争执，他们知道，不出意外的话，儒家总是失败的一方。

"家师春秋已高，只怕有所不便。"博士弟子段仲看着别有居心的众人，起身回绝。

"冒牌货无疑。自称董仲舒的学生，只怕是根本就没见过董仲舒吧。你若是他家弟子，岂会连年纪都搞不清楚。"纵横家的坐席中，一个声音嘲讽道，"擅长《春秋》的博士有两家，正是董仲舒与胡毋生。这二人虽然齐名，董仲舒的年纪可要小上好几轮了。本人有幸亲仰尊容，望之也就和你年纪相仿，又能拥有多高学识！"

"传言说，董先生讲学，会在堂上垂一帷帘，他隔着帷帐讲，弟子在帘外听。只有其中资性优异、学问极佳者，才能够登堂入室，得其亲传。因此，有的学生慕名而来，师从一场，却连见上董先生一面的愿望也不曾实现。"博士弟子中交头接耳，议论纷纷，话题一时间转了风向。

"罢了，不过区区儒生。黄老之后，无论如何也还轮不到儒家。儒家那点诗书，就在几年前，也还不过是下等囚徒私藏的犯禁之物罢了。"庭下的法家弟子议论纷纷。

辕固见状，只得颤颤巍巍地起身，谨慎地开口道："桀纣残酷暴虐，把百姓看作草芥，商汤和周武王顺应民心，诛伐昏君，他们受天下人的拥戴，这自然就是受命于天。"

黄生立刻反驳道："冠帽再破，也是属于头上的东西；鞋子再新，也只能踩在脚底下。贵贱有序，上下有别。君王有过失，商汤和周武作为臣子不辅佐劝谏，反而取而代之，还美其名曰顺应天命？"

距离辕固不远处的位置上，一位身材伟岸、相貌宽厚的中年人，抬头看看正端坐在帷帐内静听的天子，接过话茬，不慌不忙、意味深长地对黄生说道："如你所言，那么本朝高祖皇帝代秦继承天子之位，难道也是弑君吗？"

黄生面不改色，指着殿上的金鼎说道："人非圣贤，孰能无过。如果君王有一点过失，臣民便可以起来讨伐，那么将来我汉家也不免要流血了。若是让天下人听信了你公孙弘先生的邪说，我汉家早晚也会被人取而代之。这又是居心何在？"

此刻，大殿之上，不少人替辕固和公孙弘捏着一把冷汗，但更多的人是在坐等着看儒家的失利。

"能用天下之谓王。"庭下人群中出现了一个声音，"这是《荀子》中的话。不仁不义的人，即便身处君王的位置，也只能称他为匹夫。因此，臣只听说武王诛灭了作为匹夫的商纣，不曾听说武王弑君。周武王灭商的第七天，铸造了一个'天灭簋'。簋上写有铭文'岁鼎，克闻，夙有商'。'岁鼎'是指举行了祭祀，'听'还只是做动作，'闻'才是指听见了的意思。也就是说，'我讨伐商纣王，上帝都听到了，我是替天行道。'夏桀、商纣暴虐，因此失去天命，而商汤、周武都是承天命而称王，并非篡弑。正如商汤、周武和我汉家高祖皇帝都是受天命而为王。"

听到这番出其不意的言论，满座无不张目伸颈，应声寻去。不过，那声音从庭下传来，站在庭下的，想必也不是什么重要人物。

帷帐后的天子却忽然发问："还能说说那些祥瑞符信吗？"那声音显得纯真而好奇，就像是少年人在烦闷的事务中，突然发现了什么新游戏的玩法一般。此时，年轻的天子只一心想知道汉家是否承受天命，自己是否也拥有这个上苍所赐予的祥瑞符信。

"上苍选立天子，是为了天下万民——"庭下那人有意拖长了声音回答。

这话貌似答非所问，天子只得尽力克制住有些急切的心情，继续追问道："或许是朕方才没问清楚，又或许是朕自己听迷糊了？"这话让人觉得有些熟悉，感觉帷帐后面这位天子的声音似曾相识。

只见庭下那人从容走了出来。他貌不惊人，头上的进贤冠更加衬托了他身形的单薄，但眉宇之间自有一种浩然之气。

他拱手说道："君王接受了天命，也就承担了上天所赋予的使命，因此，与其期待天降祥瑞，不如先端正自身，这才是君王应当努力的方向。"

"这就是刚才那个在庭下发表议论的人？"

"他是谁？那可是只有皇室宗亲、两千石高官和博士才能戴的二梁进贤冠。"

"莫非……"

"你等竟不知道？他就是人们称为儒家三独坐之一的董仲舒。"

议论惊叹之声在博士弟子们之间鼎沸起来。

"没想到，能与最为年长的当世大儒——胡毋生比肩的董仲舒，看上去竟如此普通……"

他貌不惊人，眉宇间有一股浩然之气。

辕固的弟子夏侯始昌感慨："原来，这就是儒家三独坐之一的董先生。据说，每回天子召见时，辕固生、胡毋生以及董先生，只有这三个人可以独自坐一张竹席，因此被弟子们私下里尊称为'三独坐'。不仅如此，董仲舒每次讲学，慕名而来的座下弟子都数以千计，然而却从来不能一睹他的真容，只有三五名资质绝佳的入室弟子才能够得其亲传。人们传言，他是因为学识高深、地位尊崇而不得不讲设排场，今天看来，除了慕名而来的听众实在过多，还有竟是因为他的腼腆……"

辕固解释道："董仲舒虽然面对弟子们十分腼腆，但是，面对君王强权，却只有他才能如此刚正不阿。刚才，他竟拒绝迎合天子的暗示去编造颂赞汉朝的符瑞。他那话的意思是在告诉皇帝，脚踏实地地履行君王的职责，才是天子应当做的事情，而不是刻意追求天降祥瑞来粉饰太平。"

只听董仲舒接着说道："上苍不是为了满足君王的享乐才生养百姓的，相反，是为了保障百姓的生活才选择君王。因此，当他的德行足以满足百姓需要的时候，上天就将王位传给他。当他的恶行残害百姓的时候，上天就收回天命。桀纣号令天下却无人响应，说明已经不能让天下臣服。既然天下不再臣服于桀纣，怎么能说汤武是弑君呢？那些被人讨伐的君主，就是上天剥夺天命的人，因此，百姓应当服从君王，而君王也需要服从上天。"

辕固私下里对学生补充解释道："你看，董仲舒首先给君王的权力以相当的尊重，这当然是儒家与天子实现政治合作的前提，同时，他又敢于对君王的权力提出限制。"

二

"那么，可以向诸位先生请教秦灭亡的原因吗？"天子又问道。

"秦始皇统一天下后，误判了当时的局势，以为国内已经安定，为此不遗余力，去征服北方、南方的夷狄，这才导致中原空虚，叛党贼寇有机可乘。"有兵家学者当仁不让地说。

这时，坐席距离天子最近的男子，单手将了将胡须，似乎带着赞许地点了点头，缓缓开口道：

"所以说，要想成就伟业，就必须无所作为。人嘛，只要有所作为，就会妨碍自然功效的发挥。"

黄老道家黄生说："平阳侯所言极是。以前，秦始皇的法律越严，盗贼反而越多，秦也因此灭亡。所以，只有无为而治，不去过多打扰百姓，让百姓休养生息，国家才能长治久安。"

黄生说罢，二人遥相对视，平阳侯也拊掌大笑。这人魁梧强健，与那天夜里在北邙山出现的人迥然不同。

"不，导致秦灭亡的过错，并不在法律。"说话的是一个容貌俊秀的年轻男子。他端坐于法家席位上，头戴羽毛冠，起身时羽毛随风摆动，俊逸且又招摇。

"江充，能再详细谈谈吗？"帐中的天子问道。

江充侃侃而谈："秦的盗贼多发于东方六国境内，而秦国的境内却没有这种事情。倘若真是秦法苛刻，为何秦国百姓却无一人申苦抱怨？反过来说，乱臣贼子都是些不甘于臣服秦国的六国余孽，对付他们，恰恰需要最严酷的刑法。如今，黄老之术讲求清静无为，对内忧外患放任不管，不久之后，真可能会天下大乱。"

诸子中的精英都带着各自的立场和目的，都试图左右天子的判断，进而掌控国家政策的话语权。

殿中的气氛突然异常安静，仿佛在等待天子的宣判。

"秦的灭亡，并不是因为秦用法家。"董仲舒迈步上前，侃侃而谈。望着眼前这身形纤瘦却器宇不凡的人，江充也回过神来，目光里带着一丝意味不明的审视，然后，轻轻勾起了嘴角。

"而是因为只用法家。"董仲舒接着说，"从商鞅开始，法家将国与民对立起来，认为民弱则国强。法家认为的治国之道，就是要想方设法让百姓贫弱，《商君书》中甚至有一篇就叫做'弱民'。就是说，民众越是贫弱，就越发渴慕战功和赏赐，就更加有动力去为君王效力。在法家的心中，礼乐道德不如法律规定来得实在。法家也的确为秦国创造了前所未有的恢宏局面。但法家建立的'强国'——大秦，毕竟是建立在'弱民'之上的。"

"从此，秦国越来越不顾人情、不施教化，百姓虽能经由战功赏赐补足衣食，但却疲惫已极。加上东方六国与秦国之间，风俗传统与地理情况更是迥异，秦始皇却只是简单地一视同仁，以秦地的风俗习惯制定法律，将六国强行同化，于是激起了矛盾，所以酷刑越是增加，盗贼民变就反而越多，以致于最终二世而亡。"

董仲舒说罢，隔着帷帐，隐约可以感受到那帐中人陷入沉思。良久，刘彻缓缓开口道："汉家刚刚建立，法制未能齐备，不得不沿用前朝旧制。诸子百家学说又遭遇秦火而失传，奈何？"

董仲舒目光笃定，语气却依然温和："三皇五帝，各有各的制度。汉家作为一代新王，受命于天，改创新制也只需取法于天。"

"如何做到取法于天？"天子问。

"正如天道同时存在阴与阳，人间也同时存在刑与德。阳气是上天的德政，令万物生育养长，阴气是上天的刑罚，令草木萧条衰败。一年四季加起来，终究是暑暖的时间多而清寒的时间少，由此可知上天以德政为主。因此，刑罚也不可以作为最主要的统治手段。"

话音落下，周遭陷入了沉默，片刻之后，来自各家的议论之声不绝于耳。

"从秦朝开始，除了博士生，都被禁止读书，规定但凡百姓求学，只能向乡里的官吏学习法律，而官吏也只是谙熟法律而已，不懂其他。"有人说道。

董仲舒说道："平时不养士，却想求得贤才，正如不雕琢玉石，却想拥有现成的玉器。上古官吏是父子相袭，世卿世禄，汉初以来，官吏多出于军功高官子弟，或者出钱买官得到官位，未必都有真才实学。臣有如下建议：一是在中央设太学，地方设庠序，培养人才；二是责令地方官每年推举二人给朝廷，朝廷对这些人才进行考察后，按才能授官。"

"哦？先生认为应当以什么样的学说教授他们呢？"刘彻话中带着些明知故问的意味。

"儒家终于有望压道家一头了。"儒生们暗自庆幸。在场众人也纷纷以为董仲舒会吹捧、推行自家学说。

"自秦以来长期禁绝的百家之言，趁此也能一并恢复。"还有人在心中如此盘算着。

董仲舒说道:"当今民间,学派众多,百家纷争,师说各异,指意不同,无法制定出统一的政策,上级法制朝令夕改,下面迷茫不知所从。其实只要重新恢复秦以前的古代王官之道、黜退近世的百家之言便可。《诗》《书》《礼》《易》《春秋》五经,乃古王官之学,其中饱含治国智慧。陛下不妨以五经以及孔子学说教化人民。如此,一来可以端正道德品行、不用刑罚而奸贼自灭,二来可使人心统一,令百家不相争执减少是非,三则可为真才实学之人广开仕进之路,从而代替凭借家资财产授官的弊政。"

夏侯始昌听后,方始羞于自己的气量:"董仲舒心系国家政治与学术传承,目光从来不只在儒道之争孰胜孰负的蝇头小利之上。他不仅仅恢复孔子学说,还尊奉整个王官之学,同时,又并未对民间诸子学说赶尽杀绝,而只是与它们保持适当的距离。"

这时,一声洪亮的赞叹声响彻殿中。

"先生所言甚善!"只见刘彻已站在帷帐之外,英姿勃勃。

原来，那天夜里自称"平阳侯"的少年，正是当今的汉家天子。

三

"陛下，臣还有话要说。"董仲舒上前一步，说道。

"先生请讲。"刘彻微微抬手，欣然应允。

董仲舒接着道："当年秦法细密繁苛，给人民造成了很大痛苦。高祖皇帝删繁就简，仅仅留下至为简要的'约法三章'，受到过官民拥护。现如今，民间农商复苏，案件纠纷越来越多，内容日益复杂，现行法律简省含糊，使得不少案件的审理无所适从，再加上法官大都囿于法律条文，一些案件的审判，恐怕无法令人信服。"

"那么，先生认为应当以何为据？"刘彻问。

座下却陆续传出阵阵讥刺声："秦朝除了医药、占卜、种树的书，其它都已被焚烧殆尽。个别儒家当年冒着死罪封藏在墙缝里的书早已腐朽破败，残缺不全。纵然还有如伏生那般的老儒，能够凭记忆默写出来，又能记下多少？只怕是既不真也不全。连一卷完整的书也拿不出，还能用什么与我们辩论治国之术。"

"北邙山下，有一狐氏女子，丈夫出海，数月不归，女方家人以为他死于海上，将此女另许他人。后来，亡夫竟然返乡而来，狐氏女于是被官府判死罪。《春秋》记载，鲁公夫人曾因丈夫死了，没有子女，回到母家齐国，《春秋》认为她有再嫁的道理。所以，寡妇再嫁是合理的。臣认为：一来，判案应当明于情理，狐氏女有父母做主，不属于擅自妄为；二来，判案应当追溯当事人的本心善恶，女婿出海罹难，竟能死里逃生，女家并不知晓。所以，比附《春秋》鲁公夫人的案例，狐氏女也应当判为无罪，不应惩治。"

"先生光讨论冤案了，您还没有回答陛下的问题。"江充面露一丝狡黠，在一旁提醒道。

"不，臣已经说了。陛下的问题，臣的回答就是：事件往往都是重复发生的，而《春秋》里记载了丰富的前人经验，可以作为我们的重要参考，这就是《春秋》的重要性。孔子是带着政治目的而作

《春秋》的。《春秋》一书，评判了二百四十多年的天下纷争，以辨是非、正名分为宗旨，拨乱世、反诸正，堪为一部救世法典。"董仲舒补充道。

"唉，过去法家对百姓不教而杀，而他们制定的法律体系早已确立，难以撼动，是不可能从根本上动摇的。"堂下的辕固对弟子说。

"董仲舒打算如同孔子一般，'知其不可而为之'吗？"夏侯始昌问。

"董仲舒并没有试图去直接推翻它、重新制定以儒家思想为核心的法律体系，而是以儒家道德观渗透入法律，作为补充和纠正。"辕固对身旁弟子夏侯始昌解释道，"自古鲁国产儒生，燕国多方士，晋国出法家。董仲舒的家乡广川，东邻齐鲁，北靠燕代，西界三晋。董仲舒自幼便得各家学说熏陶。而他尤其擅长一门绝学——《春秋》之学。"

"听说《春秋》有一万八千字，乃是孔子手迹。秦始皇焚书后，原书被毁，由孔门弟子之一的公羊氏在家族内部秘密流传，由公羊高传至玄孙公羊寿，直到本朝废除挟书禁令之后，才终于由公羊家族书写出来，使它重见天日。确实是这样吗？"

夏侯始昌继续向老师求教。

"孔子晚年见到世风日下，于是以修著史书褒贬历史的方法，上明天人之道，下述未来纲纪。为免遭迫害，孔子在行文中常常使用隐晦的表达，写作方法也因此被称为春秋笔法。孔子起初只将《春秋》口授给弟子，并不书写出来。孔子死后，弟子凭借各自学到的内容辗转秘传，于是逐渐形成不同的《春秋》学说。秦国之后，各家学说多已失传，尚在传世的就只剩下谷梁氏的《春秋》和公羊氏的《春秋》。这《春秋》公羊学只是得其中一角。至于寻找完整的《春秋》，以及解开《春秋》全部的秘密，当今天下，只有董先生才能拨去迷雾，解开这谜团了。"辕固对夏侯始昌说。

辕固说完，颤颤巍巍站了起来，走上前去，对董仲舒道："听说先生苦寻《春秋》，河间王刘德年少时便立志于儒学，在搜求整理先秦旧典文献方面颇有成就，山东很多儒生都已经追随他。他的藏书数量比我们还多，河间国势必将成为北方的儒学中心……"

"咳咳……"帐中传来一阵意味不明的咳

嗽声。

丞相卫绾接过话茬，说道："南方吴楚之地，历来是蛮夷之境，我行我素，奉行秦法不严。秦汉之际，多有中原学者携带典章文物藏匿其间，董先生可以去南方搜求看看……"

"早在春秋时期，周景王死后，王子朝与王子猛争夺王位，后来失败出逃至南方楚国，就曾将大量的周王室图书档案典籍席卷而去。"董仲舒也思忖道。

四

策问结束后，丞相卫绾进来打探结果。他上奏道："举荐来的贤良，有研究法家纵横家申不害、韩非、苏秦、张仪的学说扰乱国家政治的，臣奏请将这些人都予以遣返。"

"好！这些个纵横家就喜欢仗着口舌厉害，妄图模仿苏秦、张仪，在诸子之间挑唆离间，搬弄是非。法家虽说用法酷烈，但执法时能够不畏权贵，比如最近这个叫江充的，他敢于检举平阳侯擅自用驰道驾车。"刘彻批准着丞相的奏请，一边自言自语："不过这平阳侯在民间的名声怎么这么差……"

"还不都是您打猎的时候，让您给用坏的……"丞相卫绾小声嘀咕。

"还有，从今往后，官吏治狱，除了要明习律令，还需要先学习《春秋》中的案例。北邙山狐氏女一案，嘱咐御史，依照《春秋》经义处理。"这时，丞相卫绾已从这位少年天子的神情以及他对儒家转变的态度中明白了一二。

"陛下似乎对董仲舒的学说十分感兴趣啊。"丞相卫绾的话里带着一丝欣慰，"的确，诸子百家争斗了这么多年，儒道之间互相非议，谁也看不起谁。他的提议或许能助我们走出困局。"

"董仲舒研治的学问颇为实用，他的才学也在公孙弘之上。"刘彻勾起嘴角，又说："至于江充和公孙弘……一个雄伟奇异，一个温文尔雅，确实都是可用之材。"

见刘彻愿意听从、遵循董仲舒的儒学主张，丞相卫绾一面欣喜，一面又感到一丝忧虑。董仲舒与公孙弘作为儒学名家，重用他们唯恐引起太皇太后以及朝中推尊黄老一派的警觉。

"陛下想做，就尽管去做吧。"卫绾眼中的犹豫一闪而过，"太后那儿，就先交由老臣去应付吧。"

刘彻与丞相卫绾一番思虑后，打算暂派董仲舒出任江都王刘非国相，派公孙弘出使匈奴，从而避开这长安城中即将围绕儒道两派展开的剧烈争执。

"师傅，我今晚又可以出去练习了吧？"刘彻用祈盼的眼神望着卫绾——那是只有他们师徒二人时，才会出现的画面。

卫绾皱了皱眉，搬出称重量用的衡石，故意给刘彻书案上散乱堆积的书简称了称重量："陛下今天才读了几斤书，就又要出去山里打猎玩乐？"

"今天可是好不容易解决了大事……"刘彻道。

"好吧，那下不为例。"卫绾放下简策，叹了口气，露出了一个无可奈何的微笑。

长安城外，刚与丞相商议罢国事、长舒一口气的刘彻，就地在田间纵马驰骋起来。

百姓不知其身份，纷纷跟在被踩踏的农田庄稼后怒骂："站住！你个忤逆小子，赔我家的葵菜！"
刘彻也全然不生气，以脚夹紧马腹，扬鞭纵马，欣
然奔驰而去。

"陛下只有在这个时候，才开心得像个普通孩
子啊。"目睹了一切的卫绾不由得叹了口气。

五

临别之日，众人与董仲舒、公孙弘二人在城下
饯别。二人正要上车，却见到夏侯始昌搀扶着九十
高龄的辕固经过此地。董仲舒肃立在道旁，公孙弘
却下意识地侧身不动，避开了辕固的直视。

辕固忽然拄杖停步，小心翼翼地取出自己的佩
剑，递与董仲舒，嘱咐道："这柄剑，是先帝在时
赐予老臣的。长安收藏名器的巨贾曾经争相出价购
买，老臣都不曾割爱。如今，我将它转赠予董先
生，希望先生能继续以儒术匡扶天下。"

"在下何德何能，竟得先生如此重器！"董仲
舒不解。

辕固缓缓说道："朝廷表面上重用黄老之术，

其实倚重的仍旧是法家，当今天子其实依旧爱好的是刑名法术，朝廷重视的终究不是儒生。至于明习律令的公孙先生，您必会受到重视，很快升迁。"

他转过身来，对公孙弘说，"公孙先生，请务必要按照儒家思想来事君，切勿歪曲自己的学术，逢迎世人所好啊。"

董仲舒走后的长安城，刘彻开始全面启用儒士，形成新的国家力量。在此之前，包括董仲舒本人在内，没有人敢想象，在黄老道家逐渐衰微之后，儒学有一日能独步天下。

江都丞相

一

未央宫前，乌鹊成群聚集在长阶上，仿佛传报着汉朝使者正从异域归来的消息。

"匈奴人说，黄帝的后裔陆终曾经娶鬼方女子为妻，而他们的公主也正与陛下年纪相当……"出使匈奴回朝的公孙弘对天子汇报说，"匈奴向来有往西域各国嫁女联姻的做法，且嫁女所到之国也向来都是以匈奴女为王后、嫡夫人。匈奴这是在暗示陛下……"

"皇后人选，太后很多年前就替朕决定了，朕也做不了主。和匈奴人商定的贸易关市又如何？"

刘彻打断他，并随手从公孙弘带回的异域宝器中捡起一只外裹虎皮、边缘镶金、缀着宝石的酒器，心不在焉地在掌中来回摩挲着。

公孙弘避重就轻地回答道："关于边境通商问题，近年来，马邑城一带民间贸易活跃、商旅往来频繁，但匈奴马匹昂贵，且往往限制优等马种出售，恐怕不会愿意给我们良马。臣建议不再向匈奴购买马匹，同时，将盐、铁等一些中原特产列为禁品，禁止民间向匈奴输出。"

刘彻双眉微锁，若有所思地放下手中的酒器，倒扣于案上，继而双手按膝，又问道："先生不必有所顾虑，但讲无妨。匈奴人送这东西时，是不是还说了什么？"

大单于的话早已萦绕在他的头脑之中，挥之不去，公孙弘想了想，继续道："匈奴单于说，请陛下放心，他对汉国的土地没有兴趣。汉国土地不值得占领，即使夷平汉国农田、改成牧场，也不如他们塞外的大草原。"公孙弘的声音忽然显得有些低沉，"其实，边境一带，每年都有不少百姓选择越过长城，逃去匈奴那边生活……"

"可以了，有劳公孙先生了。先生休息去吧。"刘彻说得平静而干脆，仿佛若无其事。

公孙弘退出殿外，听见两个随从在低声说话："先生的话说得太过直接，陛下看上去……是不是不太高兴？"

公孙弘回过头来，告诫二人："我等身为臣子，有匡扶社稷的责任，自当秉承原则，问心无愧，即便不得已而触犯天颜，惹天子不悦，也绝不应当为了个人安危而迎合圣意！"

殿前的乌鹊倏然四散而去，同时传来一阵什物投地迸裂的声音。那声音从方才的御座方向传来，显然，刘彻发出了雷霆震怒。

丞相卫绾和郎中令应声走去，拾起被刘彻砸碎的宝石金杯。只见这酒杯外面虽然镶着金，里面却是用人的头骨制成的，上面还有用刀刻划的痕迹，卫绾翻来覆去地看了看，认出刻着的一个'白'字。然后，他便望着殿外，叹息道："唉，只怕……南方也不太平了！"

二

南方的江都国界上，雾气朦胧，草木山川和中原大不相同。

"终于到战国时期的吴国国境了，这里当真能找到《书》和《春秋》遗散部分的下落吗……"吕步舒望着眼前的萧条衰败之象，在心中犯着嘀咕。脚下的黄土坡上随意地堆积着人畜的残骸，与皲裂的土壤混杂在一起，似乎掩藏了古国不为人知的秘密。

绕过遮挡在眼前的丘壑，眼底的最后一角山石也缓缓退出视野，远远看见漫山旌旗飘扬，首尾相望。只见前方一个虎背熊腰的中年男子负手而立，率一队人马拦在道中。

一位随行侍臣凑上前来，对董仲舒小声说道："丞相，江都王刘非是年少成名的军事天才，十五岁时就曾挂帅出征，统领三军，平定了先帝时的吴楚之乱，后来他就在吴国原址上建立了这江都国，被朝廷封为江都王。此事过去已有十二年，至今他依旧私下招揽四方豪杰，抱负不容小觑。朝廷对他愈发忌惮，还望丞相小心行事。"

"刘非，光看这名字就不好对付。据说他私下藏了大量武器，随时准备犯上作乱。"随从中有人附和。

的确，汉家立国以来，由于继嗣制度尚未明确，改易太子之事时有发生。地方宗室诸王只要表现杰出，都有可能继承大统。比起年仅十六岁的当今天子刘彻，国中一众藩王中不乏年富力强的佼佼者，他们莫不垂涎至尊之位。江都王刘非野心勃勃，朝廷自然对他十分疑忌。董仲舒也早已意识到，这回正是朝廷派自己去劝导一位极富政治野心的诸侯王，此行必是如探虎穴。

车马渐行渐近。到了跟前，中年男子身后的随从熟练地抽出一枚名札，置于几案之上，然后手捧几案，一并奉与中年男子。这中年男子双手托举几案，上前施礼，道："臣江都王御史，奉王命，在此恭候丞相。"原来是江都御史率江都国官吏在此夹道相迎。那名札是黄杨木制成，正面书有一番套话以及写有御史名字的落款。

随后，两队人马在前车的引导下，径直往驿站而去。汉代的驿站多设在要塞，为使者、行人提供食宿。江都国人多地广，要抵达王廷，沿途尚需经过十余个驿站。御史沿途介绍江都风物民俗。董仲舒了解到，江都国富裕殷实，有盐田、铜山，尤其擅长用铜铸造刀剑。

"中原人喜欢吴刀和越剑。早在春秋时代，吴国的铜刀便名震四方，天下侠客争相购藏，称为'吴钩'。当年，吴王阖庐占领楚国的国土，凭借的正是吴国锐利的兵器。"御史一面夸耀着，一面示意随从打开一个漆匣。只见里面是一把寒光四射的青铜弯刀，精美异常，刀身上的铭文灵动可爱，都是古吴国的文字，仔细辨认，是"吴王之钩"四个字。

董仲舒接过这把"吴王之钩"，忍不住就在手中掂量起来。

他别有用意地试探道："听说江都王喜欢刀剑，果然名不虚传，传说王廷中也收藏了不少中原和域外的兵戈武器呢。"

御史听出了董仲舒话里的深意，默然不语。

董仲舒接过这把"吴王之钩"，在手里掂量起来。

三

抵达住处，稍事休整，董仲舒一行前往江都王宫，并递上朝廷的册命书。

诸侯王国丞相名义上是由天子派遣，负责在诸侯国统领百官，辅佐国政。然而，同姓诸侯王在高皇帝刘邦时就已经分封，一般已经承袭多代，势力根深蒂固，丞相只是独自一人由朝廷空降地方，往往水土不服，十分容易陷入孤立无援的境地，遇到中央和地方关系微妙时更是处境艰难，进退维谷。此时的董仲舒，面对的就是这样一个局面。

王宫里，江都王刘非正端坐堂上。只见他头上并没有戴诸侯王的远游冠，只戴着一件漆纚纱冠。他皮肤光洁，眉目清秀，很难想象，眼前这位容貌端庄的青年，竟然就是十二年前在七国之乱中统帅三军，奋勇杀敌，一举大破叛军的江都王。而当时，他只不过十五岁。

听到董仲舒来了，刘非竟从堂上健步而下，似乎比想象中更加礼贤下士。

"常听人说先生有王佐之才，不料今日能得

先生辅佐！"刘非脸上的笑容温和而克制，"周僖王时，名臣管仲辅佐齐桓公成就霸业。如今，寡人得到先生，不就正如齐桓公得到管仲？"

刘非一番赞叹，表面上是称扬董仲舒的才学，其实也是开门见山地透露了他的政治野心。他希望董仲舒能够像管仲辅助齐桓公一样，辅助自己成就一番霸业，继而抗衡乃至篡夺中央政权。这完全是对董仲舒的试探。

一边是汉家天子，一边是藩王，稍微不谨慎的回答都有可能引发杀身之祸，实在让人进退两难。

吕步舒刚皱了皱眉，便听见董仲舒接话道："君上声名远播，把江都治理得富甲一方。但俗语说'正其道，不谋其利，修其理，不急其功'。也就是说，仁德之士，应当端正道义，而非追名逐利，应当将自己信奉的理念贯彻到底，而不是急于向世人炫耀功绩。王者应当致力于教化民众，从而端正社会风气，这才是仁德的至高境界。齐桓公那样的霸主是先行奸利后施仁义，所以不足以被真正的道义之士提及。有道之君主应当提倡王道，而不是推行霸道。"

吕步舒感到方才额角沁出的汗珠已经干了大半，在一旁暗自忖度着："先生果然透彻，一语点破。齐桓公那般的乱世霸主，说到底只是为了当上人上之人，才首先将自己伪装成救世主的模样。"

　　随行使臣们私下议论道："董先生坚守着《春秋》中'大一统'的说法，对刘非不合时宜的比喻，也借古喻今地做了规劝，委婉小心地暗示刘非不要称霸。刘非估计也领教了董先生的才华和为人，看来他不得不暂时放下他的野心了。"

　　果然，刘非也识趣地改口道："先生说得有理，寡人茅塞顿开。寡人已在宫中设宴，为先生洗尘。还安排了吴地最负盛名的歌妓乐师，请先生聆听我们吴地的乐歌，聊作娱乐。"

四

　　这时，门外"哐啷"一响，接着又是好一阵摔砸东西的声音。

　　"呸！漆王。你敢咬我，我也要将你粉身碎骨！"

向庭中望去，是个十岁左右的男孩，摆弄着一件漆盘，连唾带骂。男孩同那盘子对骂完，扭头看见江都王出来，又立刻破涕为笑地迎面跑来。

"这是大王的嫡长子，江都王世子刘建。"左右随从提醒董仲舒说。

那刘建的举手投足，全然不是贵族子弟的模样。江都王看着刘建身上那由于生漆过敏而奇痒难耐、已经被他自个儿挠得通红的胳膊，说："淖姬近日正命匠人制作漆器，为此备了不少防治漆疮的药。你正好去她那里挑。"听见君父这样说，世子刘建转而牵起他身旁那小鸠车，转动着辘辘辘的车轮，蹦蹦跳跳地跑走了。铜制的鸠鸟也仿佛扇动起翅膀，稳稳地跟在他的身后。

"世子的年纪，应当是在学习六书了吧？"董仲舒问道。

江都王的眼神却黯淡下来，仿佛自嘲地说："读书又有何用？如今的朝廷不许诸王参与朝政。等到寡人的太子袭爵继承江都王位，恐怕每日就剩下欣赏歌舞，再无其他正经事情可做了。再者，与其让他像寡人一样建功立业，引来朝中猜忌，反倒不如让他远离漩涡，默默无为，平安一生。"说罢，刘非又马上回过神来，对董仲舒说："丞相是当世名儒，教育太子之事，还有劳丞相费心。"

这时，有侍从向江都王回禀道："君上，祭祀的用品已经备好了。"

每年十一月，在江都国，那是一位数百岁的活神仙——李灵君，每年从神山浮海而来的日子。

"江都国将会有一年一度的盛大祭祀，祈求一年风调雨顺。请丞相来就吉时。理阴阳，顺四时，也是丞相的职责。"刘非向董仲舒邀请道。

西汉初年的南方，巫风盛行，群巫之中，法术最灵的号为灵君子。灵君子往往精通天文历算，也会为诸侯王出谋划策。

"江都王既为军事天才，谙熟用兵之学，必定也修习阴阳之术，与术士和阴阳家的交游便也不足为奇。"董仲舒忖度着。

绕过萧墙，有隐隐约约的异香扑鼻而来，恍然如入神仙府邸。

只见中庭立着雄伟的巨树，树身躯干之中有一只双面大鼓，盘旋的树根底下又向上生出两个小鼓。巨树的西方，倡优扮演的西王母头戴金色花胜，白发委地，东向而坐。旭日和皓月的精灵——金乌和蟾蜍侍立于王母两侧，白兔在王母身边持杵捣药——那便是月中姮娥吞过的长生不死之药。

眼前，翡翠色的琉璃坐席早已铺好，又用雕刻成青龙、白虎、朱雀、玄武四种奇兽的玉镇分别镇于坐席四角。用香蕙精心熏制过的祭肉，以一种精妙雅致的方式罗列在兰草叶片上。用苞茅缩过的纯酒，带着些许生姜的辛香与柑橘的清新，散发着诱人的芬芳。桂酒、椒浆以及从来没有见过的南国香料和奇草琳琅满目，供于祭坛上。祭坛之侧，高高架起的干柴顶端，堆放着供给神灵的玉璧币帛，它们将由江都王亲手点火焚烧，以供神灵享用。

男巫脚下踩着黑漆底、夔龙纹的木屐，踏着七星盘。那是一组特质的彩绘漆木盘，共有七个，每个漆盘的不同部位分别对应了不同的宫调，一组漆盘具备完善的音阶，足以演奏世上最复杂精妙的乐曲。巫师在七盘之间盘旋腾转，边奏乐，边歌舞。只见羽衣临风，佩玉锵鸣，衣带飘拂，好不清新俊逸。

"这位李灵君究竟是何神？"董仲舒私下里向

男巫在七盘之间盘旋旋转，边奏乐，边歌舞。

身后的侍者打探。

侍者一边说着，一边在手心里比划道："小臣只知，这位仙尊本姓李，名讳叫作什么君来着。我们吴楚方言将灵验的神人唤作'灵君子'，就是'神君'之意。"侍者连解释起来都津津有味，"他在蓬莱神山采药炼丹，年年降临我江都国。严冬祁寒之月，百姓们亲眼见到他与成群的白鹿仙鹤为伴，一袭单衣，饮冰卧雪。他又料事如神，能够预知一整年间的雨露风霜，从而为百姓赐福消灾，十分灵验。因此被江都百姓们称呼为'李灵君'。"

"据说，他是位数百岁的老人家？"董仲舒问。

"正是。"侍者道。

刘非随口对董仲舒说道："李灵君那怪老头对通常祭祀用的牺牲玉帛、各类贡品不甚感兴趣，唯独对盘鼓舞喜闻乐见。说来也巧，江都国曾经有二枚石鼓，是战国时代楚国流传下来的古物，就搁置在太子宫外的水井边上。"

"石鼓？"董仲舒心中一惊。他早有耳闻，那是一种带有铭文的刻石，如果能够找到，上面的文字和《春秋》一定有着千丝万缕的关系。

刘非身边的淖姬接话："以前呀，宫人会踩着它，在水井边打水。后来水井废弃不用，石鼓也就几乎被人遗忘了，很久没有人在意它了。臣妾还记得，上边有朱砂文字数行。奇怪的是，那字却不是平日所读所用的文字，一笔一划仿佛都是活的，笔画形态宛如正在游动的蝌蚪，以至于首尾寻遍，竟没有一字认识。所以无人知晓那是什么……"

这时，两列队伍缓缓而前，只见那白衣凛凛的男巫师，忽然跳脱而出，摘下面具，瞬间变幻成另一番面孔。他飞身而落，白衣飒然，真如降世而来的神明。李灵君头戴巍峨高耸的切云冠，临风而立，俊逸之中透露着洒脱的气质，站在众人之间，真如白鹤立于鸡群。

众人目瞪口呆地仰望，继而纷纷虔诚地跪倒在地。而那飒沓的白色身姿却只是原地轻轻一拱手，说："老夫李少君拜见江都王。"

什么？人们口口声声夸赞的"老神仙"，眼前以"老夫"自称的白衣少年——竟然就是李少君。在此之前，董仲舒对他也有些许耳闻。他以神仙方术著称于世，然而，有关于他的一切都是重重迷雾，没有人了解他的年纪与出身，没有人知道他的过往，而他却知悉人间万事，叙述几百年前的风物又每每言中，且事无巨细，历历如在眼前。他在皇亲贵戚之间炙手可热，传言他是活了千百岁的活神仙，不想今日一见，他竟是少年人的模样。他的身上有着六国旧贵族的儒雅气质，比起一般的巫师，更像是风度翩翩的王孙贵公子。

刘非命人奉上了鬯酒——那是一种用郁金草和黑黍酿成的祭神香酒，又用花蕊之末掺入酒中，聚百香精华于一身。

李少君双手接过，却用指尖上那光洁如玉的细长指甲轻轻指点着那青铜提梁酒壶，叹道："这件铜壶，我还有些许印象。齐侯小白继位的第十年，邀老夫前去降福，他在柏寝台上设宴，这正是当时他向我祝酒所使用过的壶。"

"名叫小白的齐国国君？那不正是史书中的公子小白、后来大名鼎鼎的春秋五霸之首——齐桓公吗！"一时之间，满座为之肃然。

"此物是齐桓公的透雕蛇纹铜壶，是寡人以重金向齐国商贾求购而来。本王特意选用齐桓公的铜壶来祭祀，正是希望借此向鬼神表明，寡人时时刻刻不忘效法齐国的一代明君。因此，请各路鬼神像当年护佑齐国一样，护佑我江都国社稷。"刘非说罢，微微勾起嘴角，便将那酒泼洒在铺着厚厚香草的地上。

李少君用指尖拨了拨侍者捧来的香草，轻柔的动作之下，却透露着神灵般的威严。他轻呵一口气，那一缕香魂便向空中化散开去，待零落于祭坛之上，便已按照上中下的方位分散成了三股，整齐地排列成了一个"工"字形，这便是神灵占卜了。

李少君左手持书，右手操弄。两侧的江都国官员百姓纷纷虔诚地一字跪开。只见李少君口中念念有词："龟卜筮占，不如荆决。若吉若凶，唯筹所从。若阴若阳，若短若长。所卜毋方，所占毋良，必察以明。急急如律令……"

"江都国位于吴楚之地，久受楚雨巫风的浸润。而楚国又被称为荆国，在这片土地之上，中原的'龟卜'和'筮占'确实都不如'荆决'更为流行。"董仲舒观看着，心中却仍旧为方才那一幕疑惑着："刘非一直想要效法的齐桓公是东周时代的诸侯，距今已有五百多年。五百年前的一件铜壶，李少君他究竟是从何处见过？莫非真是活了五百岁的神仙——然而这又怎么可能？"

这时，李少君却双眉微锁，他凝视着占卜结果——大凶之兆。

占辞是这样的：

> 翩翩蜚（飞）鹊，不饮不食。疾蜚哀鸣，忧心默默。
>
> 劳身毋功，其事不得。虽欲行作，关梁之止。
>
> 翩翩蜚鸟，间关浮云。欲会美人，其事不成。
>
> 霭霭者云，乍阴乍阳。效人祠祀，百鬼莫尝。

占辞的前四句，描述的是一只哀鸣飞翔的鹊鸟，后四句却说，劳心劳力却不能立功下功勋，事情不能成功。虽然想有一番作为，然而前路却被阻塞……

李少君口中念念有词，这些话，只有身旁的董仲舒听清了。他知道，江都王这些年厉兵秣马地筹备，是想再一次建立军功，然而，这些却不被朝廷和刘彻许可。

五

这时，有侍臣一路碎步急趋而前。

"请大王恕罪，东宫石鼓不翼而飞了！"侍者小声禀告刘非，"太卜博士已取来《日书》翻查，查到凡是今天偷盗的盗贼都会躲藏在东南方墙角下，现已经派人向东南方向找去了。"

"问题是……这枚石鼓已经许久无人在意，虽说是今天才发现不见的，但却未必是今天才遭偷盗的……"吕步舒暗叹一口气，不由自主地露出一副无奈的表情。

"水井之下是否查探过？"董仲舒询问侍臣们。

"回禀丞相，由于久旱不雨，水井已经干涸，井底早已一览无余。许久无人来此取水，故而才无人在意那石鼓，以至于连何时被盗都不得而知。"侍臣答道。

"江都自古便是雨露充沛之地，如何会发生这久旱不雨的异事……"董仲舒眉头紧蹙，"况且这事并不曾上报到朝廷，在此之前也被隐匿得几乎看不出端倪，至今朝中人都还以为江都富饶丰盈，而对真实的情况毫无了解……"

"天子早晚要出兵征讨匈奴，我区区江都，不应当给府库增加负担。"御史微微颔首，随意敷衍地解释道。

这时，有侍臣端来一个包裹着绛红色长袍、惟妙惟肖的木制偶人："井底只找到了一个插放着针线的人偶，恐是哪位夫人女红所用，不慎遗落井中……"侍臣准备呈上人偶。

"且慢……"话音未落，李少君已抬起衣袖，拦下侍者。他的动作幅度不大，臂腕上的白色毛羽微微随之抖动。侍臣却在那白衣仙人面前乱了阵脚，木偶人跌落在地。原本插在上面的十几根铁针大概是经过井水浸泡，早已锈蚀脆裂，一堕地便纷纷折断……人偶当众露出那胸膛上用一寸丝帛书写的生辰八字。众人一时惊愕，无不屏气凝神地望着那被万针穿心的偶人。

"是巫蛊。"李少君双眸一合，屏息凝神道，"这是匈奴人和西域胡巫所惯用的咒术。"

"本王和匈奴人可素无瓜葛……"沉默半晌，

刘非松开了咬紧着的下唇，说："莫非是当年吴楚叛党的余孽所为？"

"恐怕是南方越人。"董仲舒用手捋了捋人偶摔乱的衣缘后说，"这种绛红色，只有用越国的枸酱才能染就，和我国用茜草、苏木染取的红色差别很大，极易分辨。"

越人散居南海，分为数百个部落，至今尚未开化。越人喜欢像乌鹊一般筑巢而居，断发文身，椎髻鸟语。此番的确不属于越人惯用的巫术体系。而匈奴地处北海，远在汉国的北方，距离江都国尚隔万水千山，和越国就更加风马牛不相及了。也就是说，除非这其中存在某种媒介，否则，越人如何拥有西域和匈奴的巫术？

况且，那人偶上的生辰八字似乎并不是江都王的，而是——当今天子刘彻的。

终于，各种的假设和猜测，在董仲舒心中，逐渐指向了一个最为可能的答案。想到这里，他不由得心头一颤。原来，江都王这些年与汉天子刘彻的叔叔淮南王交往甚密，淮南王联合匈奴和越人，随时准备起兵和刘彻争夺帝位。而江都王这些年治甲练兵的准备，不知是为了到时在战乱中帮助刘彻，还是为了响应淮南王……那诗一般的占辞所预示的，可能是江都王尊王攘夷的愿望，也可能……是他们企图僭上的野心。

"臣愚以为，这巫蛊人偶应当立刻交付专人去调查取证，以便找出始作俑者。"董仲舒打断了刘非的思绪。

一旁的淖姬看在眼里，似乎明白了什么，转身劝阻道："《鲁班经》记载，家中发现怀疑和巫术有关的物件时，将其投入烈火焚烧或以沸油煎炸，便能破法。丞相言之有理，只是这巫术非同小可，眼下当务之急是这巫蛊之术应当如何化解……"

"国中久旱不雨，颗粒无收，今天只是来劳烦神君和丞相向上苍祈求降雨的。"刘非叹了口气，接话道。

李少君说："求雨仪式交给贵国丞相就好。最近需要关闭南城门，开放北门，免除国中所有女子的租税，并增加男子的租税。另外，禁止男子饮酒，所有丈夫见到妻子，都需要恭敬有礼。如此一来，上苍便会降雨。"

"当真管用吗？"一旁的吕步舒在心中犯疑。

"这就命人去做。去年用了神君的方法，很是灵验。"刘非一口答应下来。

木偶人被投入熊熊火焰，发出了噼啪的声响。李少君默念祷辞："告于社、稷、东方之白马诸神，祈我邦家远离疾疫，禳除灾祸……"

祷辞声中，宫人纷纷避散而去，唯有紫雾升腾，袅袅直达上帝之所。

六

"如果匈奴和越人已经相互勾结，边境很快将烽烟再起……"董仲舒提醒道。

刘非不指望身边的人能够听懂，仿佛只是在自言自语："当年吴楚两国作乱，就曾经联合匈奴作为外援，吴王被寡人率领的军队打败后，逃到越人中间，当时多亏越人部落之一的闽越，诱杀了吴王。如今，若是匈奴人与越人联合起来对付我们，情况将不容乐观。"

董仲舒听罢，心中想要问他如何打算，未等开口，却看见刘非拔下身旁御史头上的簪笔，继而撕裂衣帛，挥毫写下"臣南藩江都王非请战"几个大字，然后交给了董仲舒。

"本王作为大汉藩辅之臣，自当为国守疆卫土。贼若犯我大汉，寡人将不惜性命，与贼寇蛮夷全力一战！请丞相为我上告天子。"刘非说道。

他将眼前这包含着野心、阴谋的场面，用给汉朝廷的请战书掩饰过去。这下，江都王修治兵甲，扩大武备规模，终于有了冠冕堂皇的理由。

董仲舒手捧战书，退出殿外，见李少君也正从巨树之下迎面走来。巨树垂下的丝绦杂宝正如缤纷落英，在轻风中起舞飞扬……

二人擦肩而过之时，董仲舒目不斜视地说道："你通晓齐国文字。"

"丞相何出此言？"李少君略微侧目，嘴角上扬，露出一丝明知故问的狡黠。

"焚烧偶人的时候，我在偶人身上浇了酒，发现那壶的内壁镌刻着铭文。你是从那些文字看出，这是齐桓公的东西，对吧？"董仲舒直截了当地问道。

"丞相何出此言？"李少君问道。

"没错，是齐国文字，只不过普通人不识罢了。"李少君丝毫没有回避。

"我猜丞相想说的是，我这个所谓长生不老的活神仙，不过是欺君罔上之辈。"李少君从袖中抛来一个包裹，说道："所以你有意浇以醇酒，让浸水的木头人偶遇火不毁，让巫蛊证据得以保留？"

那包裹外的丝绢顺势滑落开来，原来是李少君从火中取出的巫蛊人偶。

"为何肯交付于我？"董仲舒转过身，问道。

身后成排的杨树，枝叶早已飘零待尽，树枝间的乌鹊巢暴露在外，硕大可见。

缓缓走上长阶的李少君，望了望阶前觅食的乌鹊。这时，一只乌鹊飞来，落在他的手臂之上。李少君漫不经心地摆弄着手上的鹊鸟，用一种轻飘飘的语气说道："乌鹊除了善于搭巢，还非常懂气候。只要根据鸟巢的高度、开口方向就能判断今后的雨水量及风向。淮南王的野心，你我心中有数，风口浪尖之上的江都国，必将成为是非之地，覆巢之下，难有完卵，董先生还是明哲保身吧。"

话音方落，李少君已消失在了长阶的尽头。

七

    长安城外的郊区，气势恢宏的仪仗正经过灞上。一个头戴远游冠、躯体微微发胖的中年男子下车驻足停望，但见高原地势雄伟，远处阡陌纵横，有如博局棋盘。俯瞰之下，整个长安城犹如掌中之物，让人无法抗拒地产生了一种凌云之志。

    中年男子在这个约定的接应地点没有等太久，不一会儿，便看到头戴黑漆纱冠的人从树林里走了出来。

    "大王是当今皇上的父辈，擅长黄老道家之学，又编修有巨著《淮南鸿烈》，在诸侯中才学最高。"一个声音传来，原来是国舅田蚡在灞上恭候。"得知淮南王来京朝见天子，臣下早已恭候多时。"

    "本王的手下已经和越人联系好了，将来可以相互支援，里外照应。"淮南王刘安头也不回，只胸有成竹地俯瞰着眼前的美景。

    "皇上年少，还没有太子，大王可是高皇帝亲孙，仁义德行天下闻名。万一皇上晏驾，可没有人比大王更适合被立为天子了！"

星罗棋布

一

　　七月，牵牛星和织女星相隔银汉，熠熠生辉。在这平静的星涛之下，却有一股未知的暗流正在涌动。

　　这些年，太后指定的那位陈皇后一直没有子嗣，刘彻也与她越发疏远。

　　"听说陛下新娶了位夫人，还是平阳家送来的歌女？戊申日、己酉日，是牵牛星迎娶织女星失败的日子，假如在这种日子婚娶，妻子将来必会被丈夫休弃。"太皇太后一身新制的罗袍，光影之下，五彩绚烂，夺目而又有些刺眼。

"《日书》中的时日吉凶，是根据前代的经验教训来的，能帮助君王择吉避凶、趋利避害。如今天下疆域辽阔，这《日书》还是规定各地风俗、巩固山河一统的宝器，君王还是应当以身作则地去遵守……"太皇太后说。

"请祖母放心。"刘彻赶紧见缝插针地回了一句，"孙儿让少府新制的锦衣，祖母可还喜欢？"

"我虽双眼看不见，但听说这次的花色过于艳丽了。"太皇太后闭目说道。

"这是用新的染法染成。我大汉的茜草、苏木难以染就这般嫣红，西域的红花却可以。西域红花的汁水可以染出红、黄二色。少府用这方法织造了几匹丝帛，进献给祖母。"

太皇太后伸出她那沟壑纵横的双手，细细抚摸着丝帛的纹理，说道："这'帛'字的造型，其实就是一个织造的场面，上面的'白'，也就是'伯'字，表示'帛'的发音。而下面的巾，其实是三竖一横，就是一台织机：边上的两竖是经轴，中间的一横就是梭子所引的纬线。织女不断地投梭、打纬、送经……直到一匹布帛织好。没有经纬，就不成衣帛。先人传下的染织之法，不可废弃。治理天下，选拔经天纬地的人才也是一样。"

刘彻连连点头，瞅准时机，便小心翼翼地说道："近日，江都王刘非上书，说收到东瓯王的告急书信，说东瓯国都城突然被闽越王兴兵包围了，朝廷若是不出手援助，东瓯国就即将亡国。"趁着太皇太后高兴，刘彻出言试探，祈盼着太皇太后能发虎符调兵平定南方。

"当年本以为刘非那孩子不错，现在看来还是太意气用事。"太皇太后的脸色瞬间阴沉下来，用那低哑的声音说道："记住，要想成就大事业，就必须无所作为。对越用兵还不是时候，现在只能忍耐。目前金木水火土五颗星尚在西方，战争只会对敌国有利，眼下还不可以用兵。除非有一天五星出自东方，方是中国讨伐夷狄的征兆。"

刘彻返回寝宫，立即由寝宫内的密道秘密诏来江充。

"太皇太后仍旧是处处掣肘，总还把朕视做孩童一般。上回罢免窦婴和田蚡，如今又……区区南方尚且不能平定，又何谈治理天下。"说罢，刘彻以袖掩额，面上浮现出一丝脆弱与疲态，与那位人前永远神采奕奕的帝王形象大有不同——这大概是除江充之外，其他臣下从未见过的一面。

"窦婴是太皇窦太后的族人。窦婴和田蚡之前虽遭罢免，但田蚡是陛下的舅舅，在朝中说话依然很有分量。至于窦婴，太皇太后不喜欢自己的族人参与朝政，因此，那些趋炎附势的官吏士人，现在大都放弃窦婴而归附田蚡。田蚡如今也有些许骄横，今后估计更会帮着太后做事。"

"不过，太皇太后难得公私分明，这次连自己家人窦婴也不曾包庇。"刘彻似乎有些不解。

"太皇太后之所以这么做，只不过是为了保护她自己的族人。宗室、外戚和朝臣之间必须维持一个平衡，互相制约。哪一方权力过大，都容易引来杀身之祸。当年高祖吕皇后曾经放纵外戚，让吕家一时权倾朝野。结果，吕后一死，吕家很快便落得被族灭的下场。"江充道。

"太皇太后一向精明得很，比当年的吕后还要难对付得多。"刘彻无可奈何地摇了摇头，"将来我若是立太子，可一定不能给他留下这样的障碍。"

此时，江充已经知道，无论是皇后，还是卫夫人，未来都将在这权力的旋涡中难以自保……

"不过，我看太皇太后那《日书》很是不准……"江充随口说道。

"此话怎讲？"刘彻问道。

"陈皇后和卫夫人，陛下更喜欢哪一位？"江充突然抛来一个疑问。

"法家的韩非曾说过，您最爱的那位夫人，恰恰是最希望您死掉的人。"江充解释道，"红颜易老，美人迟暮……陛下想想，后宫最受尊宠的那位夫人最担心的事情是什么？当然是日夜担忧陛下哪天会喜新厌旧，改变心意，那么她已经得到的尊宠也就不复存在。因此，她一定会希望山陵崩塌，以便让她从此保留这份至高的荣耀。只有陛下您不在，他们方能地位永固。纵然皇后和太子是陛下所爱，然而，如今天下人中，最希望陛下死掉的，恰恰就是这陛下最喜爱之人。"

刘彻听后，越发攥紧了袖口。许久，才回到方才的话题，继续说道："对南方用兵之事，老太太不支持朕，不给朕虎符。如果能得到群臣的支持，便还有一线希望。但儒家喜欢提春秋大义的大道理，在动用武力上，恐怕也不会支持朕。"

"像太皇太后这般岁数大、春秋高的人必定比较保守。陛下所要做的，无非忍耐而已。"江充对刘彻建议道，"陛下目前也只宜韬光养晦，毕竟老太太手握虎符，而其他宗室诸王又都在觊觎皇位，等着陛下犯错。河间王和江都王这二人一文一武，不容小觑。尤其江都王，一向居功自傲。他的丞相董仲舒吃着中央的俸禄，骗取着朝廷和陛下的期望信任，竟然不作为，不劝止，怕是难辞其咎。"江充试探着说。

"看来，面对刘非的野心，即便是董仲舒的春秋大义也失灵了……"刘彻叹了口气。

"恐怕……还不仅仅是这样，听说，董仲舒在刚到江都国的时候，他对江都王说过'正其义，不谋其利，明其理，不急其功'这种有欠考虑的话。他这话是支持刘非坚持自己所信奉之事，并教他不急于取得成果。他这是弃打压诸侯王的使命于不顾，转而鼓励诸侯王建功立业呢。"江充小心翼翼地补充道。

"为了避免横生是非，还是尽早下手将那两个人翦除为好。"江充说着，张开手掌，伸向头顶那斑斓的星光，又像是要抓住什么一般，紧紧收拢了五指。

凉夜沉沉，耿耿星河似乎触手可及。

"看来，董仲舒是不适合担任这江都国相了，如果今年依然没有等到江都王来朝见，还是让董仲舒回来当个掌管议论的中大夫吧。"刘彻带着失望，也若有所思地伸出手，眼前似乎还能浮现出师傅卫绾昔日里用这衡石逼着自己读书的模样——但没有人知道，那是卫绾留给他最后的东西。

二

自董仲舒走后，刘彻就开始尝试启用身边的儒士，以部署新的国家力量。谁知，丞相卫绾只是刚刚罢黜了法家和纵横家，便立刻引发了窦太后的警觉。

"我还是太子时，卫先生就做我的太子太傅，可以说是在朝中效力多年的老臣了。"刘彻以一种极其冷静的语气回应祖母太皇窦太后的决定，攥成拳的右手手心已经开始隐隐发凉。

"先帝在时，说他敦厚老成适合少主。如今，在我看来，他一直无所作为，早该被罢免。"太皇太后语气中带着不屑，只给了一个牵强的解释。

卫绾被免后，刘彻无奈选择了太皇太后的族人窦婴为丞相，又以太后的族人田蚡为太尉。这回，窦太后总归无话可说了吧！

"因为陛下年纪最小，陛下在太皇太后、各路叔伯乃至文武百官面前，总是不忍摆出至尊的威严，因此才长期忍受如今这君不君、臣不臣的局面。臣下提议修建一座明堂，彰显陛下的尊位，以便陛下能够以帝王之威高坐堂上，接受四方诸侯的朝见。从此，任凭什么宗室藩王、各路叔伯，天子不应当、也不再需要下堂去亲自迎接他们。除兴建明堂，天子应当巡狩四方，并改换历法和服色，从此向天下人昭示，天子已经可以独立处理国家政务，不再需要事事向太皇太后奏报。"郎中令王臧在上奏中建议道。

下朝伊始的刘彻，照例来向太皇太后问安。还沉浸在明堂计划中的他，炙热的目光中仍旧保留着兴奋过后的余温。

只见太皇太后背身而坐，寝宫的几案上，横七竖八地躺着几卷书札，仿佛刚刚还有人翻动过。

"是不是彻儿来了？"太后苍老无力的声音传来，"听说，窦婴他们在谋划什么兴建明堂、改易服色的事情？"

"这次多亏了表叔，筹划得很好。"刘彻试图用爽朗的笑声打破宫中沉寂的气氛。

"案上那些书札，你可以翻来看看。"太后说话时没有抬头，似乎还夹带着叹息。

开始察觉到一丝异样的刘彻，目光逐渐变得凝滞而谨慎。翻阅几条简文后，他似乎再也说不出话了。

"文皇帝在时，有个叫新垣平的人，整日为他谋划巡狩封禅，还伪造祥瑞骗得了先帝的宠信，后来经人揭发，被诛灭了三族。"窦太后回过头说，"这些就是王臧私通南越的证据，他就不怕变成新垣平第二吗？"窦太后继续给刘彻施加压力，说："作为君主，最忌用人不察，彻儿你看着办吧。"

不容分说，王臧被交付官吏下狱处置。几日后，狱中便突然传来他的死讯。丞相窦婴、太尉田蚡也遭到免职。

在政坛初试锋芒的儒家，就这样被以迅雷不及掩耳之势完全压制了。刘彻的第二回合也失败了。望着逐渐昏暗的天色，仰视着天边若隐若现的丘墟，刘彻背对着江充，松开了手中紧紧攥着一尺绢帛，说道："从今日起，命人修置茂陵邑，朕当以此自警。"那是他打算以儒学的死亡时时提醒自己。他同许多改革家一样，做好了与改革计划同生死、共进退的觉悟。

星空之下，那卷绢帛被夜风吹散开来，那是郎中令王臧从狱中传递出来的。上面赫然写着几行血书："太皇太后手握虎符，各路诸侯王又都在觊觎皇位，这些人都在等着陛下犯错。事到如今，为防生变，不如牺牲臣下，以换得太皇太后安心。"

天边，一颗耀眼的流星扫过，却被扑灭在乌云里，一闪即逝。

三

　　江都国东宫里，透着玲珑光辉的骰子掷落在棋盘上。江都王刘非正在教世子玩六博。二人身边有华灯照夜，那是一盏鹊鸟底座、背负五枝桠的宫灯，旁边的地面上躺着一只歪倒的鎏金水牛。

　　董仲舒又俯身拾起散落一地的算筹，对江都王说道："这个游戏，长安人称作六博，我们吴楚方言叫做棋。希望君上以大局为重。代王、长沙王、中山王、洛川王即将赴长安朝见天子。高皇帝曾刑白马而誓，诸侯王三年一朝，如今已三年过去，我们江都是否应当有所表示？"

　　刘非还未开口，却听得世子刘建哭闹着将棋盘推翻在地……

　　"父王，董先生一定是坏人。长安是虎狼之地。淖姬告诉过我，以前吴王刘濞的太子去长安，陪汉国太子玩六博，结果，汉国太子因为输了棋，丢了面子，举起棋盘就将吴国太子砸死了。"说罢，十岁的江都太子头也不抬地哭闹着，连声表示："不去，不去！"

"董先生是希望寡人借机入京，让汉朝君臣看见本王的赤诚之心？寡人之前为国请战，却遭到了朝中小人的猜疑。我看这忠心不表也罢！"刘非没有抬头，只是独自望着地上的棋盘，缓缓说道："曾经有一年，寡人入朝，约定和天子打猎。为了等候天子的座驾，寡人在道路边跪了半日，刘彻却让嬖臣冒充自己坐在车里……"

董仲舒伸手扶正了宫灯，将水牛放回宫灯的顶座上。那水牛昂首奋蹄，仿佛将要渡涉那星河银汉。

"臣下明白，请君上放心，臣已经接到朝廷诏令，回京担任中大夫一职。臣自忖有办法说服朝廷，同意江都国出兵越国。"董仲舒看了看刘非和世子刘健，然后便转身离去，眼底却是无法掩饰的忧虑。

四

"关于是否对南方出兵，现在江都王支持，淮南王反对。诸位意下如何？"长安的朝堂上，刘彻掂量着手中的两份简策，对大臣们说道。

"越人相互攻击，历来是常有的事。越人时降时叛，反复无常，早在秦始皇时，中原就已经放弃了他们，他们不属于中国，所以也不值得烦劳中国前去援救。至于闽越国土，更是不值得兴动王师前去占领，那里荆棘丛生，水蛊肆虐，在那里生活的也是一群野人。"田蚡说道。

田蚡私下里早已与淮南王达成了一致，毕竟，在他们的计划中，越人和匈奴都是重要的棋子。

这时，窦婴却说："当年，是东瓯国诱杀吴王，才帮助我们平定了吴楚叛乱。吴王之子刘驹逃亡到闽越之后，怨恨东瓯诱杀了他父亲，经常怂恿闽越进攻东瓯。闽越王竟然听从了刘驹的挑唆，于是才导致了这次的事件。此事并非像淮南王与田蚡所说，是越人之间的日常殴斗，应当如江都王所言，是吴楚之乱的延续。"

"这就是公孙先生从匈奴带回的酒器。"刘彻指着匈奴单于的金杯，"这酒杯外面虽然镶金，里面却是用人头骨制作成的，上面还有刀刻的痕迹，刻着一个'白'字，也就是'伯'，也就是指敌方首领。匈奴人喜好将敌国首领的头骨制作成饮酒器具，被猎杀者的身份越高，所制成的酒杯档次就越高。听说匈奴人不久前杀了西域大国——月支国的国王，就将月支国王的头颅做成了酒杯。有意思的是，这外面包裹的锦缎，竟是南越的东西。"

窦婴说："北方匈奴和南方越人恐怕已有勾结。当年吴楚之乱，吴国和楚国便是勾结匈奴作为外援的。将来若是匈奴和越人串通一气，共同为患，大汉夹在中间腹背受敌，后果将会不堪设想。臣以为，当如江都王所言，应当尽快出兵。"

田蚡颤动了一下嘴角，似乎仍想争辩，公孙弘立即站了出来，说道："匈奴四处迁徙，如同禽鸟乌鹊，难以降服，从上古以来，中原便不把他们视作人类。《春秋》强调华夷之分，那些蛮夷贪财好利、人面兽心，与中国饮食、衣服不同，言语不通。他们处在偏远的寒露之野，射猎为生，这是天意让他们与内地相隔绝。自古圣王制御蛮夷的方法，正在于羁縻而不根除。夷狄来犯，便惩戒驱逐它，夷狄离去，就守备防御它，这样便足够了。所以，不论是北地匈奴，还是南方越人，都不值得劳烦我中原王师前去征服。况且，陛下难道忘了，秦不正是因为南征北战才灭亡吗？"

眼看窦婴无力再辩，一个洪亮的少年声音从背后传来："公孙先生也是《春秋》公羊学派的儒者，您只知道华夷之分，可还知道孔子在《春秋》中讲的'大一统'和'尊王攘夷'？"那少年的步伐轻快矫健，在众人身侧带起一阵清风。

"你是……"公孙弘回头怔愣了一下，目光紧盯着这位看似面熟的年轻人，瞬间又恢复了方才和蔼可亲的模样。他并没有在众目睽睽之下显露出一丝不善之意，仿佛刚才他眉心瞬间的拧绞都只是一场错觉。

"这是董仲舒先生的弟子——吕步舒。"窦婴向郎中令示意。

"吕步舒！你又回到了长安？"田蚡开口道，"可你还只是区区博士弟子……"

"这是江都国丞相董仲舒先生所写。"吕步舒手持简策，目不斜视，仿佛方才那人如同空气一般，继续说道："抑制诸侯，攘除夷狄，使四海八方来归顺臣服于天子。这便是孔子在《春秋》中所提倡的'大一统'。《春秋》中，"大一统"是天经地义不容更改的道理。东瓯虽是夷狄，如今只怕我们国力微弱，没有力量前去援救，但凡力所能及，又为何要弃他们于不顾？刚才有人说，秦朝时就抛弃了越人，可别忘了，秦人最后可是连整个国家都抛弃了，岂止是抛弃了越人呢！如今，东瓯这样的小国走投无路，向朝廷告急，陛下若是袖手旁观，他们尚能向何处去求援，陛下又如何能使天下万国臣服？"

"这就是董仲舒教你说的？"公孙弘嗓音里带着毫不掩饰的不满。

刘彻接过侍者呈上的简策。片刻之后，刘彻合卷的力道使简策间的竹节发出了清脆的声响。

公孙弘转而赔上笑脸，对刘彻说："方才是臣下见识短浅，竟不知对越出兵的好处。董先生肯写这样一封上书，一定是有过一番挣扎。他在评述《春秋》战事时，就指出《春秋》厌恶战争。历史上的战争侵伐，《春秋》都作了特别详细的记载。其中有一次，司马子为了结束战争，不惜违背国君的使命，擅自与宋国议和，《春秋》却给了他很高的评价……"

"可真是个精明滑头的老头子。"吕步舒心想，"但是，不得不说，他不愧与先生同为公羊《春秋》学者，他是真的了解董先生。先生内心的挣扎，也确实只有他能明白……"

刘彻激动的声音带着一丝颤抖，高声宣布道："这次，董仲舒让你们见识了什么才是真正的儒家，他可不是你们寻常腐儒可比！朕初登帝位，暂时还不想动用虎符。吕步舒，就由你持符节去征发会稽郡军队吧！"

五

七月七日，援助东瓯的军队早已告捷。李少君也照例入长安宫。

"越人见势，未等交战，便闻风而降！我汉军不战而屈人之兵！"越人投降，刘彻神情激动地对太皇太后报喜。然而，很快，他那暖洋洋的笑容便冻结在了空气中。

太皇太后背过身去，久久不曾言语。年纪大

了，耳不聪目不明，也不知听没听见。

"我看老太太那《日书》是翻得不准。"窦婴在一旁小声说。

许久，太皇太后用那满是皱纹的手，摩挲着身上经纬纵横如同棋盘的五色锦衣，用手中的鸠杖支撑住虚弱的身体，终于发出一声叹息："凡是我曾喜欢的，都没落了。老了就是老了。这天下是你们年轻人的了。"

说罢，太皇太后拄着手中的鸠杖，一步步远去，直到消失在了宫殿的尽头。

"看样子，太皇太后不久就会将虎符亲手传给陛下，自此任凭陛下调用军队去平叛一方。"窦婴问，"陛下下一步打算对匈奴采取行动？现在匈奴失去了越国这个伙伴，压力陡然增加。我军也可以腾出手来一心一意对付匈奴了。"

"听说，滇王有座水天相接的滇池。朕也打算建造一个昆明池，把日月星辰布在其中。"刘彻又加快了语速说道，"当年秦始皇并兼天下之后，建都咸阳，大建宫室，这才是天下之主应该享有的气派。"

"陛下早已有'天下之主'的样子了。"江充说。

"只是不知这'天上之主'是什么样？牵牛星和织女星都是天上最亮的星，上古先王最早根据日月五星观察节气运行，就是以这牵牛星和织女星为准的。"

刘彻向太皇太后背影消失的长殿望去，那威严的长殿砌满了雕刻着圣王贤哲画像的砖石，森严而又压抑。刘彻的耳边仿佛又回荡起那日江充的话。紧接着，他又收回目光，说道："若是能像黄帝那样得道升仙，对朕来说，摆脱妻子家室不过如同脱掉脚上的鞋罢了。"刘彻的语气听上去似乎只是带着点力道的普通玩笑。

阴阳灾异

一

　　建元五年（前136）二月，长安上空出现了日食，原本普照万物的日光突然被一个莫名的黑影吞噬，只剩下了一个环状的光圈，像是某种神秘力量发出的无声警示。随之而来的，是整个国家都落入了黑暗之中。

　　"当今天子的继位并非顺应天命。这一定是从景帝朝的夺嫡之争就酿下的灾祸。"

　　国中纷纷传言，日食是上苍发怒的征兆。

　　"夺嫡之争？"吕步舒一脸惊愕地向辕固追问。

　　"自从周王室衰落，礼崩乐坏，便为王权的争夺打开了一个缺口。此后，人们见识了战国、秦、汉王朝的频繁更迭，早已不再像过去那般敬畏王室，相信天命，王室也不再像前代那般恪守礼法，王位争夺越来越成为了家常便饭。当年，秦公子扶苏是那样仁德，只因秦始皇贪图长生，不愿早立太子，最终竟给了胡亥可乘之机。本朝高祖皇后吕后的儿子惠帝，善良仁厚，却险些失去皇位。当时年轻得宠的戚夫人怂恿高祖，要改立她自己的儿子赵王如意。"

辕固仰视着天象，露出一副凝重疲惫的神色，继续解释道："再后来，到了景帝那朝，又发生了吴王、楚王争夺帝位的吴楚之乱，国家动荡不安。为了防止诸子争立继续发生，窦婴与当时的丞相及众多大臣们一同上书，要求景帝早立太子。景帝当时共有十四子，皇后无子，栗姬子刘荣最为年长，最有资历。景帝迫不得已，只好暂立刘荣为太子。对了，窦婴后来就成为了刘荣的太子太傅。"

"若是那刘荣继位，窦婴的地位不就如同当今天子刘彻的太子太傅——卫绾一般，极有可能成为丞相吗？"吕步舒问。

"但继嗣规则不明，太子仍然有被废易的风险。当今天子的生母王夫人，求助于方术之士，曾造过一个'梦日神话'，说他的儿子刘彻乃天命所归，为即将来到的夺嫡之争做准备。她一方面调教刘彻表现出像景帝一样的性格，得到景帝赏识；另一方面又结交盟友，与长公主刘嫖结亲。于是，长公主日日在景帝面前谗毁栗姬，嘉誉王夫人。后来景帝最终下定了决心，改立刘彻为太子，而前太子刘荣以及当初拥立刘荣的大臣都被清算了。"辕固语气严肃，眉宇紧蹙，气息低沉而微弱，显得十分小心翼翼。

"看来，当今天子还是相当器重窦婴的，毕竟他可是当过刘荣的太子太傅。当年拥立刘荣的大臣中，就只有他，居然还安然无恙地活到今天。"吕步舒说。

"那恐怕，只是因为太皇太后还在……"辕固话里的尾音带着哀叹，消散在了风中。

"现在皇后失宠，陛下又有卫夫人和李夫人，不知陛下最后会如何选择呢？"一些可怖的画面在吕步舒的脑海中闪过，"最近的天象变化让朝中对诸侯王警惕到了极点。先生是汉朝派到江都国的丞相，在这风口浪尖上，可一定要保全自己啊。"他心中默念道。

建元六年（前135）五月，太皇太后驾崩。更大的动荡，正在等待着西汉朝廷。.

不久，江充找准机会便对刘彻说："先帝所分封的十三位诸侯王中，鲁共王刘余沉迷大修宫殿，赵王刘彭祖阴险狡诈，中山王刘胜贪酒好色，长沙王刘发平庸无才，广川王刘越无声无息，胶东王刘寄隐晦愚暗，常山王刘舜骄傲自大……有四国国王行为不法而遭诛绝祀。先帝所封的十三位诸侯王之中，还剩下河间王刘德与江都王刘非，这二人一文一武，各有建树，可算汉室英杰、诸王楷模。"

"河间王刘德找到了失传已久的左氏《春秋》，而且还进行了整理。"刘彻说罢，便以旁人难以察觉的力道咬紧了牙关。毕竟，孔子的学说，谁先发现整理，谁就先拥有了解释发言权，也便可以在其中选择对自己有利的内容。

"河间王刘德正是前太子刘荣的胞弟，刘荣死后，他在先帝的儿子中最为年长，自以为最有资格被立为嗣君。所以他一直致力于儒学，企图有一番作为。"江充明白刘彻的忌惮，借势在一旁煽风点火。

"看得出，他是心有不甘，借着左氏《春秋》，在书里借古讽今地大加妄议继承之事。"刘彻说。

"陛下，是时候先发制人了。"江充道，"如今天下之书，大多已经落入河间王手中了。他得书数量之多，已经超过我汉朝官家藏书，如今，河间国更是拥有了左氏《春秋》等我们所没有见过的珍贵古本，山东名儒全都与他交好，投向河间王的人才越来越多了。"

刘彻对这些丝毫不感到意外，有人已经开始暗中结盟，有人在谋划着将他从高处拉下，就像他的母亲曾经处心积虑地为他做过的那样。

二

江都国中，江都王刘非召集臣僚饮宴。席上，江都御史却忽然发难，开始指责董仲舒。

"最近国人发生的暴动，恐怕是与对丞相的不满有关。"江都御史道。

这时，几名侍女簇拥着一位夫人入席，并为夫人身边摆上一个黑漆木凭几。随后，夫人缓缓抬起右肘，眼眸半开半阖，侧倚着几案，微微斜坐。这是刘非的母亲程姬。

"不知最近汉国皇帝可好？"夫人玩弄着腕上的金玉珠串，漫不经心地问道："听闻你最近在江都推行你们汉国的儒家学说。我江都素来以武功立国，兵家的学问莫非不够好吗？"

"兵家是王者取得天下的利器，但如果让奸邪之人掌握，犯上谋逆之事将防不胜防，不适合让世人都来学习。而儒家出于司徒之官，辅佐人君施行仁义教化，上可以端正君王，下可以教化百姓，适合世人都来学习。"董仲舒回答。

"老妇听闻，儒家有位名叫辕固的先生，学问名扬京师，不知先生比之何如？辕固先生曾为儒道之争甘愿下栏斗猪，不知丞相可有如此胆量？君上最喜欢看勇士徒手格斗猛兽。依我江都国规矩，不如丞相也下栏与黑熊相搏，以此来证明推行儒学的决心，丞相意下如何啊？"夫人忽然推开凭靠的几案，正襟而坐，又笑道："倘若真是上天之意让你获胜，老妇便听凭你们。"

夫人实欲借此而除去董仲舒。她原本打算让董仲舒赤手空拳与野兽相搏，御史却指着那把"吴王之钩"，悄声说："不如让丞相持刀下栏，这样好处有二：其一，这'吴王之钩'乃是我吴地之物，如果侥幸赢了，也正好显示我江都刀剑之锋利；其二，万一丞相不幸丧生熊爪之下，将来汉国朝廷使人来调查此事，反正我们不曾使他赤膊上阵，到时也便于推脱。"

"让他用'吴王之钩'？这么好的刀，瞧这霸气的名字，不是一准儿就赢了吗？"夫人问。

"太后有所不知，但凡宝器，有利就也有弊。这吴钩身形修长，使用轻便，十分适合水战。可因为轻薄修长，在近身搏击中就十分容易被毁损。"解释到这里，御史露出一丝冷笑，接着说："再加上这新丞相不过是能文不能武的儒生，终究是手无缚鸡之力……"

夫人不等他说完，便以袖掩口，轻声笑了出来。

在江都国人的眼中，丞相董仲舒只是汉国安插来的耳目眼线，人人恨不能除之而后快。

三

兽栏已被高高圈起，并且进行了加固。听说丞相要和黑熊搏斗，不少宫眷前往围观。

狩猎场上，风沙扑面，明明地处南方，空气中却丝毫没有温润之感。

黑熊步步紧逼，董仲舒无处躲闪，只得用弯曲的刀身钩向黑熊的前肢。黑熊却毫不费力地躲开了曲刀，继续挥舞前爪，直向董仲舒的脖子拍来，差点将董仲舒扑倒在地。顿时，浓重的杀气与刺鼻的血腥气混杂在了一起。

看到这一幕，观众席上的汉朝随从心中已凉了一截，纷纷捂住双目。

良久，这抱成一团的一人一兽再也不动了。原来是董仲舒以刀身下部奋力抵住了黑熊的利爪。但他终是迟了一步，血红的伤口狰狞地攀上了他的肩头。

董仲舒捡起折断的长刀，和黑熊相持。

"不愧是吴国名器，竟然做到了刀盾合一！钩身还加宽成了外凸内凹的形状，正好可以作为盾牌抵挡利爪。"董仲舒暗自庆幸。

"吴钩在刀身后边的凹槽里装了半环形的把手。武士的手恰好可以被遮蔽在后面，使其不至于为敌人所伤。所以春秋战国时期，著名的四大刺客之一的要离，才可以凭借这种吴钩，弥补自己独臂的缺陷，杀死了吴国第一勇士庆忌。"江都王刘非向周围的僚属介绍。

紧接着，局面僵持不下，众人已不觉额上冒汗，紧张的气氛达到了顶点。

一声脆裂声传来，那刀早已经折断为两截，躺在了沙地上。

"失去了兵器，这下只能坐以待毙了。"夫人笑对左右说。旁边的刘非有些按捺不住，不自觉地从坐席中站了起来。

董仲舒捡起折断的长刀，与黑熊持刀对峙。忽然，黑熊如人一般站立起来，张牙舞爪地扑将过来。席上众人也不由得屏气凝神，纷纷伸出双手，随时准备在即将到来的惨像面前捂住自己的双眼。

董仲舒虽是背对着人群，但那后背却依旧挺拔沉稳，看不出任何动摇。

眼看黑熊张开血盆大口、呼啸着将董仲舒逼至角落，却自己轰然倒地，流血而亡。

只见董仲舒将手伸向黑熊的胸口，然后抽回一柄短剑。那是辕固在长安城下相赠的剑。辕固那"以儒道匡扶天下"的嘱托犹在耳畔回荡。自长安出来，董仲舒一直将剑或佩于身上，或藏于怀中，以示不忘。

夫人回顾左右，怒道："方才为何不拿下他身上的剑！"

左右随从回禀道："小人检查时是发现有一把短剑，但御史大人说允许携带刀剑入栏，况且，从短剑的铭文看来，那剑为少府所制，疑是天子之物，小人也未敢擅取。"

夫人默然不语，携宫眷转身离去。猎场上只留下风沙茫茫……

"汉国的人，也喜欢斗兽吗？下栏杀猪的辕固先生，后来赢了吗？"世子刘建问道。

"汉国的窦太后很喜好黄老之学。有一次，有个叫辕固的儒生当着窦太后的面，说了一些轻视黄老之学的话。窦太后听后非常气愤，就命令辕固到猪圈中去和野猪搏斗。好在当时的汉国皇帝也在场呀，偷偷将自己的宝剑递给了他。他以宝剑刺中猪心，猪应声而倒地，他才幸免于难。"旁边的淖姬看着刘建，说着这个传奇的故事。

董仲舒利落地收回手中的剑，看了一眼躺倒的黑熊，说道："这柄剑，没有名字，是大汉朝孝景皇帝御用之刃。"

"朝廷开始对各大诸侯王下手了，至于这其间的功劳……你们四处搜罗捏造君上的把柄、栽赃构陷……"江都御史声音颤抖，他失去理智地咆哮着，整个人如同一柄出鞘的剑："你以为自己能辅佐、教化江都国，其实不过是刘彻用来监视、杀戮诸侯王的棋子，你们，都是刽子手。"

江都御史那颤抖的声音久久不曾消失。

董仲舒的后背一凉，眉宇紧蹙，胸膛剧烈地起伏着。他立于北风猎猎的猎场中，又想起辕固的话："愿君不负先哲之所托，能以儒术匡弼君王，尊王攘夷。"

《春秋》之学

一

　　"听说中大夫告病在家，天子命我顺道前来探访。"由长安远道而来的主父偃以一种视察的语气说道。

　　卧榻之侧，半卷着的简策似乎还未写满，用书刀修改刮削过的瘢痕错综可见，仿佛一个受伤的灵魂，无力地蜷缩在几案的一角。

　　主父偃的脸上早已写满猜疑。说道："董先生真是勤勉过人，竟然病中也有精神读书治学。"

　　"孔子在《春秋》中不厌其烦地记录天象灾异，就是要告诉后世的君王防微杜渐。"董仲舒轻咳一声，降低了音量说道："毕竟是草率之中所写，没有什么顾忌，恐怕……"

"没有人比先生更擅长《春秋》之学。那么，有没有方法来解释每一次灾异的发生，比如……这次的火灾究竟是因何而起？"主父偃打断他，并摆出一副疑惑的面孔。

"滥用刑罚，上下不和，所以阴阳悖乱，妖孽由此而生，灾异由此而起。"董仲舒脱口而出。

"先生是说，高祖的陵庙和陵园先后发生的两次大火灾都与朝政有关？"主父偃追问道。

"正是。"董仲舒答道。

"意思是说，汉朝会和周朝一样，亡于诸侯之间的混战？如今诸侯王权势太大，一直让天子头疼，今天正好来请教先生。周代分封宗室子弟为诸侯，导致了后来诸侯之间争权夺利的混战，周代因此而衰亡。秦代吸取教训，削弱宗室，胡亥几乎杀光了自己的兄弟姐妹，孤立无援，最终被楚人灭亡。如今，汉不封诸侯，匈奴夷狄侵犯时将没有帮手，封诸侯，恐怕又会被诸侯王威胁朝政，这真是一个无解的循环。"主父偃说。

"朝廷和藩王关系的秘密，就在这片竹林里。"董仲舒指着庭下的亭亭绿竹，解释道，"天子分封诸侯，不是为了让他们代替自己管理国土，而是为了维系家族亲情。你看这些竹子，躯干强壮，枝叶纤细，生长得枝繁叶茂。朝廷对待地方诸侯，须如同这竹子一般，需要让诸侯王都听从皇帝的诏令，而不能让他们各自为政。如此一来，疆内之民统于诸侯，海内之心悬于天子，天下还有不太平的道理吗？待我修改好这份奏章，有劳先生带回长安，替我献给陛下。"

　　"原来如此。"主父偃报以会心一笑。

　　接着，董仲舒为主父偃设食。主父偃还是头一回见到嫩竹笋，便不无好奇地问道："所煮何物？"

　　董仲舒知道他是北地人，只见过现成的竹席竹筒，并不熟悉竹子的生长。为了能让他明白，便回答道："这就是刚才的竹子啊。"

　　"原来竹子竟然还能吃……"主父偃心想。

　　主父偃回到家中，立刻将自己家的竹席剪开来煮了吃，却不论如何都嚼之不烂。

"都说吴人狡诈，我看董仲舒是在那待久了，也学会欺人了。"主父偃咬牙切齿。

二

"先生回来得正是时候，江都国内现状如何，削夺江都王封地的计划可有眉目？"刘彻说着打量了主父偃的神色，脸色便又沉了下来。

"原本想让董仲舒去江都监视刘非，没想到他妇人之仁，天真到以为他可以辅佐刘非成为仁德之君。有他在江都国，一定会极力反对我们对刘非下手。况且，万一此举又激起了诸侯王国的联手反抗，先帝时的吴楚叛乱又将重演。"刘彻目光中流露出一丝焦虑。

"陛下莫急，这是一个人让臣献给陛下的奏章，不知陛下以为如何。"说着，主父偃从袖中取出董仲舒先前尚未修改的草稿。

刘彻过目后，一言未发，却只是熟练地将简策递给了公孙弘。

"据此人所言，我们应该从灾异发生的根源上去解决问题，哪怕尊贵如高祖庙，如果建在了不合理的地方，上天都会降下大火焚毁它；那么，诸侯在外不法，也就应该选择其中行为最过分的，忍下心去诛杀他，以促使其他不正者改正。"公孙弘的目光又扫了几行简，继续读下去："此人又说，如今，大凶之兆遍野，这是人主有过错，上天降下警示，以谴责人间骨肉相残……他这又是在谴责陛下剪除诸侯的行为啊！"

"不知利害的一派胡言，应当立刻将此人下狱论罪。"吕步舒在一旁说。

这些年，吕步舒确实听到了朝廷准备翦灭江都王的风言风语，他脑海中总是浮现出那位在江都国时辅佐江都王的董先生。朝中每有风吹草动，吕步舒也总是替他捏着一把汗。

"这不知利害的人正是你的老师——董仲舒。"主父偃发出轻蔑的一笑，淡淡地丢下了一句话。

"这不可能！"吕步舒看着眼前的文章，这些话全然不像平时仁德到有些近乎妇人之仁的老师说出来的。但那一栏一栏的字迹，又确实似曾相识。

此刻，吕步舒全部的惊愕似乎都被堵在了胸中。

"现在连他自己的学生都说他是妖言惑众，看来确实应当将董仲舒下狱。"主父偃说。

刘彻外表波澜不惊，目光中却流露出一股不可遏制的怒火："董仲舒他劝江都王建功立业，还对江都王说'明其理，不急其功'，这事被朕批评过，现在转而故意提出诛杀诸侯王是不对的，这是明目张胆地讽刺朕不能容人。就如卿言，将董仲舒下狱。"

"其实，如果不想被天下人议论骨肉相残……现在陛下面前，还有另一条路。"主父偃说道，"与其强制削夺他们的封地，引起诸侯王的不满与反抗，不如以推恩令代替削藩。"

刘彻眼中闪过一丝惊讶，但又很快明白过来。

"以前，各诸侯王死后，封国只由其长子继承。可改为除嫡长子继承王位外，其他子弟也可分割王国的一部分土地成为列侯，这样一来，诸侯国实际上将被越分越小，势力也就削弱了，从此再也不能和朝廷抗衡，而得到分封的列侯也一定会感激朝廷的恩情，此之谓一石而二鸟。"主父偃说。

刘彻听罢，若有所得地扬起了嘴角。

三

所有光线几乎都被隔绝在外，墙面上只有一个小孔，透出了一缕光线。董仲舒取出那面在北邙山寻得的铜镜，把这缕光投射到面前的一卷帛书上。自从河间王找到了左氏《春秋》，人们争相传抄。董仲舒靠在厚重的墙边，得到左氏《春秋》的他更是手不释卷。

天旋地转，意倦灯昏，忽有一道银光破空而来，仿佛有披着白色毛羽的东西从眼前穿过。一切发生得太过恍惚迷离，那银白色的身姿就如同一道银白的光电，劈开了董仲舒尘封的记忆。然而，一切思绪又很快被打断，视野里仿佛有什么异物侵入，接着，董仲舒的目光蓦地从书上移到墙边一个飘忽的身影上。

一双纯白的靴子在眼前站定。只见那人一袭素衣，未着冠帽，那是一种不为俗务所羁的遗世独立之气。

"是……李少君。"董仲舒怔怔地看着对面那清秀的面庞。

"董先生关心民生疾苦,希望匡正君主的道德行为。先生来到这里,我怎能不来看看你。"李少君说道。

"知我罪我,其唯《春秋》……"董仲舒的眼眸中仿佛有光在流转。

"你所说的春秋,只不过是《春秋经》,而这世间有经便有纬,就像构成这绢帛的纵横丝线一般。"李少君说罢,丢下一卷帛书,"这《春秋纬》,与先生的《春秋经》合观,自可珠帘合璧。"

董仲舒打开一看,帛书上是朱红的字迹,笔画形如游走的蝌蚪。

"先生自是纯儒,但是官场无情,政治险恶,还望先生珍重。"李少君说完,便离去了。

那一卷帛书在董仲舒的手中被小心翼翼地一点点展开。令人震撼的一幕跃然而出。眼前原本形如蝌蚪的文字变得扭曲、破碎。那是一段秦始皇临终前的秘闻。

飞沙的扬尘中,一队车马在逆风处缓缓行

进着。

"到哪里了？"一个微弱的声音从车上传来。

"回禀陛下，是沙丘，到赵国离宫了。"车下，头戴黑漆纱弁的人回答道。迷雾遮罩了他的容貌，但那个身影似乎有些像田蚡，又似乎有些像窦婴。

"这是赵武灵王死去的地方啊。"车里的男人眼中噙满了泪水，随后竟如断线的珠子簌簌滚落而下。他又咬紧牙，悲叹道："可怜幼子孤弱啊。"

赵武灵王，一生雄才大略，因为太子，晚年却经历沙丘之乱，被幽禁在此，直至驾崩……联想到这里，董仲舒的心也随着风沙雾霭沉浮，无数光怪陆离的梦境从眼前浮现。

"扶苏是长子，秦始皇话中的'幼子'必是指胡亥了。如此看来，胡亥恐怕并不是凭借篡改诏书而得到帝位，而是秦始皇临终前的最终选择。原来秦始皇不立嗣君，绝非仅仅是因为对长生不老的痴想，他生前未能明确继嗣制度，恐怕正是因为这个任务本身太过重要、太过艰难。这段历史总是被重重迷雾所遮罩，真相究竟是什么？在这里，连秦始皇终究也只是一个未能免俗的君王和一个再普通不过的父亲。"

董仲舒虚握在胸前的双手，随着心底的推测而震颤不已。"公子扶苏和胡亥的境遇，正像是当年的栗姬之子刘荣和刘彻，而田蚡、窦婴的处境竟然和赵高、李斯也有几份相像。"

"先生遭到小人构陷，在这狱中也要多加保重……"

这时，镜中出现了一个熟悉的身影——那是北邙山的狐翁。

狐翁问道："更有趣的是，还有一个与扶苏很像的人物，他们也经历了同样的遭遇——就是晋献公时的太子申生。您听说过我们晋国骊姬的故事吗？"

"骊姬是春秋时代晋献公的宠妃。她为使自己的儿子奚齐成为继承人，数次诋毁太子申生。太子申生在多次阴谋陷害之下，最终自缢而死。这是左氏《春秋》里记载的故事。"董仲舒说着，合上了正拿在手中的左氏《春秋》。

狐翁道："骊姬千方百计地试图让晋献公改立

这时，镜中出现一个熟悉的身影——那是北邙山的狐翁。

奚齐。骊姬对太子申生说，晋献公曾梦见他的母亲齐姜，让他速去曲沃祭祀一番，并让他回来后把祭祀用的胙肉献给晋献公。太子申生照做后，骊姬暗中派人在胙肉中下毒。几天后，晋献公打猎回来，厨师将胙肉奉给晋献公，晋献公正要享用，骊姬阻止晋献公说：'胙肉来自远方，不要贸然去吃。'便把一块胙肉给狗吃，狗死了；又给宫中宦官吃，宦官也死了。骊姬哭着说：'太子为何这般残忍！连他的父亲都想杀害，更何况其他人呢？再说父君年老，是早晚要死的人，太子竟迫不及待地想谋害他！'骊姬接着对晋献公说：'太子这样做，不过是因为我和奚齐的缘故。请让我母子俩躲到别国去，或者早点自杀，不要将来受到太子的侮辱。早先您想废他，我还反对您；到如今，我才知道在这件事上是大错特错。'太子申生听说了这个消息，逃到了曲沃。晋献公大怒，杀死了太子申生的老师。有人对太子申生说：'下毒的是骊姬，您如果申辩，国君必定能弄清楚。'太子申生却说：'我若申辩，骊姬在劫难逃。但我父君年老，不能离开骊姬，看着父君失去她寝食难安，我也会忧郁不乐。'还有人对太子申生说：'那您可以逃到其他国家去。'太子申生说：'国君还没有查清我的罪过，带着杀父的恶名逃跑，谁会接纳我？'于是，太子申生最后在曲沃上吊自杀。"

这些话语，又让董仲舒脑海中浮现出了公子扶苏的影子。真相如抽丝剥茧般层层展露出来，他静下心来，努力思索这一切的关联。

"又快要下雨了。"狐翁的声音将董仲舒的思绪拉回到了现实。

"巢居知风，穴居知雨，您恐怕不是鼹鼠就是狐狸吧？"董仲舒疑惑地说。

狐翁并不答话，只是面露微笑，直到那镜中的人影开始模糊，并逐渐蜕变为一只四脚的小野兽。

"书上记载着，扶苏因为多次当面反对秦始皇焚烧书籍，被秦始皇打发到外地带兵。这其实已经透露了一个信息，就是因为扶苏的多次谏言，秦始皇已经不太喜欢他。可以说，从这一刻起，扶苏已经离帝位远了一步。秦始皇有十五个皇子，巡行天下却偏偏只把胡亥带着身边，加上秦国国君的传位也没有一定要传长子的传统，比如昭襄王和秦始皇父亲庄襄王都不是长子，秦始皇想传位给胡亥确实也有可能。"老狐说，"而且，书里的李斯，形象比人们所传还要正面，被赵高收买不太可能。所以很可能是……李斯和扶苏两人在焚书等政策上，历来政见不和，李斯不支持扶苏是肯定的，所以秦始皇和他议论后事的时候，他提也没提扶苏。"

"但胡亥继位后，可是残杀了所有皇子公主，奉召即位，名正言顺，何必做这些呢？杀扶苏、蒙恬，还能解释为担心他们起兵造反，但回到咸阳后屠杀其他宗室可就没有理由了。十几个兄弟无一人幸免，甚至连公主也不放过。旧臣更是被屠杀到连能当将军、丞相的人都没有了。"董仲舒思索着说。

"但也不排除是秦始皇后来才改变主意。在第五次巡行天下时，他在多位儿子中选择胡亥同行，正是对胡亥进行考察。不过，经过这将近一年的观察，他最终认定胡亥并不适合，因此，临死前他改变想法，遗诏召扶苏回京主持丧事，继承皇位。丧礼同时也是太子即皇帝位的场合。所以说，去九原巡边既可能是监视扶苏，也可能是去带回扶苏。秦始皇的巡行路线是从北边的长城经直道回到咸阳。蒙恬和扶苏所在的上郡就在这条路线上，让他们赶到咸阳与死去的秦始皇相见并不是件困难的事情。秦始皇想把自己的灵柩和葬礼仪式都委托给扶苏，让蒙恬的军力作为后盾，这也是存在可能的。"

"先生还记得这面镜子吗？那是秦始皇的祖母华阳夫人的。"老狐说道，"华阳夫人是楚人，宠信吕不韦。华阳夫人想立公子扶苏，而秦国从宣太后以来就有太后干政的传统。秦始皇也可能是考虑到扶苏仁弱，担心太后赵姬、太皇太后华阳夫人干政，所以最终打算立胡亥。"

"所以其实秦始皇从一开始就打算立胡亥而不是公子扶苏？"

难以置信的答案，有如镜子里的真实与幻影，慢慢融合，最终化作了一体。

老狐又说道："不过，这件事情的推测只是基于左氏《春秋》，而左氏《春秋》是河间王国的儒学，更代表河间王的立场，与董先生所构建的朝廷儒学——公羊学《春秋》有着明显的分野，反映在继承人问题上可就更加突出了。"

董仲舒忽然之间明白了什么。"左氏《春秋》对嗣君之争引起的国家混乱深刻忧虑，在左氏《春秋》看来，几乎每个政治混乱都与嗣君之争相关。"

"左氏《春秋》中的晋国太子申生的命运，不禁让人想到景帝时期的废太子、当今天子刘彻的兄长刘荣。史官对刘荣事迹的记录可谓极其简略和隐讳，说明这在当时也是一个不能公开谈论的忌讳。但在史官寥寥几笔中，却可以看到刘荣忠厚仁恕的形象。他在朝得到了周亚夫、窦婴、陶青等公忠廉直的大臣的拥护；在国则得到了临江百姓的爱戴。最后在监狱中也是以自杀的方式自证了清白。这不能不让人觉得，河间王的左氏《春秋》有为自己的兄长刘荣申辩，以及对武帝母子通过宫廷阴谋夺得嫡嗣的贬讥。"这些想法在董仲舒的脑海中飞快闪过。

"当年景帝立刘彻为太子正是因循了公羊《春秋》这一模式：刘彻之立在景帝七年，正好是公羊《春秋》写定于竹帛的关键时期。公羊《春秋》里那种对君王凭个人喜好废立太子的鼓励，可以说被当时的朝廷实践了。"董仲舒在脑海中飞速思索着。

"还有秦公子扶苏。这些遭遇构陷、踣死不顾仍遵君命的太子，他们遭遇基本类似，都是国君因宠爱年轻美貌的妻子而遭废杀。"老狐提醒道。

"根据左氏《春秋》，被废杀的太子申生应为庶出，而国君欲改立太子，都要先改立其生母为王后、嫡夫人。对于国君的这种行为，左氏《春秋》都给予了严厉的贬斥，认为即使太子庶出，也不可以凭母亲的身份废易太子。左氏《春秋》所要建立的是'太子优先性'原则，强调嗣君秩序以太子为中心，不因王后人选的变化而动摇。这一原则，明显代表河间王的利益，在实践上则构成了对当今天子刘彻继位合法性的威胁，所以河间王的左氏《春秋》，将来必会成为禁书，不许民间看见。"董仲舒说罢，话锋一转，对老狐感叹道："先生果真博学通达。幸赖先生指点，我终于明白了左氏《春秋》与公羊《春秋》的真正分野。"

"哈哈哈，我们狐狸能幻化男女老幼，一身三变，三家之学当然也不在话下。"老狐在笑声中消失了踪影。

　　"不过，夺嫡之争可还远远没有结束。一切历史事件都是重复发生的，噩梦注定还将继续……"黑暗中，仿佛还有来自另一处的声音在不停颤抖着。

巫蛊之祸

一

　　元狩元年（前122），匈奴入寇，卫青带兵击退了匈奴，获封关内侯。刘彻废掉陈皇后，立卫子夫为皇后，并打算立卫皇后之子刘据为太子。再也看不到机会的淮南王刘安终于谋反了。

　　"听说，陛下新立了卫皇后和太子。"李少君朝门外的方向拜道。

　　"对朕来说，要是能像黄帝那样得道升仙，摆脱妻子就如同脱掉脚上的鞋罢了。"刘彻从外回来，将鞋履如蝉蜕一般留在了门外："自从服用了你的丹药，确实觉得身轻体健了好些！"

"以前，群臣指责朕残杀骨肉诸侯，如今，淮南王谋反，才终于让他们见识了这些诸侯王的不法之心。朕让董仲舒的学生吕步舒持御斧去治淮南狱了。另外，江都王已被证实私自造了不少兵甲武备，准备乘机和淮南王联手。"刘彻说，"如今看来，董仲舒当年恐怕早已摸清了刘非私底下的那些小伎俩。前代秦始皇就已经看透了诸侯王国是个无穷无尽的祸患种子，为此，秦人率先向前一步，用了郡县制，但失于根基未稳。本朝新立国，后退半步，郡县与封国并行，如今，是时候迈出这后半步了。"

"听说，最近，鲁王那儿发现了一些古文经。"李少君又咳嗽了几声，说道。

"与河间王的儒学一样，都在为诸侯王国辩护，不能为朕所用。现在，朕需要用你们这些方士。"刘彻道。

"陛下是打算将计就计？"李少君明白，对于太子和卫皇后，刘彻是打定主意要去母留子，为太子的将来扫除障碍。

方术之士都是参与夺嫡斗争的高手。由于整个王朝已弥漫着神仙方术的信仰，与之相杂的巫术左道在宫廷民间盛行。于是方士、神巫齐聚京师，女巫往来宫中，在屋中埋藏木偶人祭祀，又一场废杀皇后的巫蛊之祸在所难免……

在这场阴谋中，刘彻如一只蛰伏在背后的渔翁，坐看着鹬蚌相争，并等待猎物自动进入囊中，所有人都在这场混战中，为了各自的目的奔逐，而他则是旁观者。只可惜，他不曾预料到，这一次失算的，却是他自己。

相比于淮南王国的谋反，长安城内，一场更大的浩劫已在酝酿当中。

二

淮南国中，淮南王刘安瘫坐在地，双眼蒙着死气沉沉的阴翳。

吕步舒已然褪去了少年时的青涩，多了不动声色的成熟。

他孤身一人，却仿佛在背后有着千军万马，给人以绝对的震慑力。

"刘安，有诈伪之心，妄作妖言，祸乱天下……"吕步舒念完皇帝的诏令，手臂一震，青筋凸起，说道："其实……你的罪行比谋反还重。这些年来，多少刘氏诸侯宗亲，因为你一人的行为而惨遭杀戮，你贵为诸侯王，却还要天下人为你的一己之私欲而流血。"

董仲舒离开江都国的这短短几年间，窦婴被处斩，田蚡离奇死亡，主父偃因为收受封国贿赂事发，加上他之前离间朝廷与诸侯王的关系，在公孙弘的安排下，被诛杀了全族。

"真想不到，主父偃竟是收受了封国贿赂，怪不得要向朝廷建议分封亲王的子弟。"人们这样议论着。于是，残害诸侯王、削夺诸侯王封地的罪名，自然而然也由他一人背负了下去。

李少君在仙丹即将练成时病亡，也有传闻说，他只是逃跑了。他就如蝉蜕一般脱身，独自远离了这场最大的风暴。

三

许多年过去了，在距长安城千里之遥的温县，须眉尽白的董仲舒松开手中的《春秋》，只感到天地有些昏沉。

窗外，月光已经被阴云死死地遮蔽住了。

"公子扶苏的冤情，恐怕即将在卫太子的身上重演。"一个熟悉的尖细声音说道，"终刘彻一生，后宫凡是生育有子女的，无一人能够善终，而这……绝不是巧合。"

寻声望去，那老狐又摆了摆尾巴，支起前爪，坐在了窗边。

董仲舒毕竟已经年老，眼前这一幕只是他的幻觉。

"刘彻本人或许想为换太子以及废皇后制造舆论。以刘彻的性格，卫皇后恐怕无论如何必有一死，而其中的冤情恐怕是刘彻故意为之。"一个大胆的预言在董仲舒的心底响起。

董仲舒明白，在一连串废杀皇后妃嫔的背后，也许就藏着刘彻最大的秘密，同时也是最大的危险。毕竟，一个人年少时期的创伤，往往需要用尽一生力气方能走出——哪怕他是君主。当年，那个集权力与威严于一身的太皇太后其实已经走远，但又总觉得，她还在这里。

"不论我们做什么，那命运总还是不断重复……因为人们渴望权力、忌惮权力的心没有变。"老狐叹气道。

"使孔子成为孔子的，不是《春秋》，而是那条周游列国、笔削《春秋》的道路。而我们现在走的一切道路，全都只是踩在他们经过的脚印上。"

"先生是要'知其不可而为之'吗？"老狐问。

"纵使十年饮冰，也难凉热血。"董仲舒转过身去，只留下一个背影。

几天后，吕步舒从淮南回来，急匆匆地来看望老师。"有一个好消息与一个坏消息，先生想要先听哪一个？"

"先听坏消息吧。"董仲舒随口回答道。

"董先生母亲的墓被广川王刘去的人给挖坏了。"吕步舒说。

吕步舒问老师："一个好消息和一个坏消息，先生要先听哪一个？"

"听说广川王每日以盗墓为乐，还在古墓里发现白狐。但是这又不是陪葬丰厚、堆满财宝的墓穴，有什么可挖的。"董仲舒显得依旧很平静，似乎是心中的不解盖过了愤怒。

"人们都说，先生的母亲乃是天女，人间定然无墓，所以大家四下传言，说这绝对是董先生秘藏神符灵药以及阴阳秘诀的地方。广川王还命手下率领了百余人浩浩荡荡地前去发掘……"吕步舒说。

董仲舒更加一脸无奈，又问道："那么好消息呢？"

吕步舒道："那个老奸巨猾的丞相公孙弘总算死了。先生离开江都国后，公孙弘推荐您做胶西王刘端的国相，就是想要借刘端之手除掉您。刘端可比刘非更凶残、蛮横，朝廷指派给他的丞相，几乎都被他以各种手段设计杀害了。幸好先生是知名大儒，刘端唯独对您还是挺敬重的。"

说罢，吕步舒突然暗自勾起了嘴角，于是话锋一转，说："近日还听说，鲁王刘余拆毁了孔子家族的旧宅，打碎最后一堵墙壁时发现，里面竟藏有成捆的书简。"

"怎么最近诸侯王都在大兴土木……是《日书》上写着最近很适合动土吗？"情急之下的董仲舒已经顾不上为孔子的故居惋惜，"孔夫子宅中还有其它藏设的机关吗？"

吕步舒回答："发现藏书的时候，宅子已经被破坏殆尽。鲁王之所以拆这孔子旧宅，原本只是为扩修王宫苑囿，嫌这老宅子碍眼……"

董仲舒沉默片刻，眼神逐渐空洞了起来，许久之后，又感慨道："昔日和我年纪相仿、一起读经治学的学者都已经年老去世了啊。最近朝中的方术之士又渐渐多了起来呢。"

"如今陛下上了点年纪，也和秦始皇一般，沉迷于长生不老之术了。"吕步舒叹气道，"先生，您说……如果秦始皇不曾死，秦朝还会灭亡吗？"

"其实……因为多年的严刑峻法，秦始皇在世之时，天下已经开始崩坏了，只是尚无人察觉而已。这些年，陛下对内重用法家，对外又对匈奴、西域和南方之地穷兵黩武，其实，早已走上了和秦始皇一模一样的道路。"董仲舒不无心忧地解释道，"陛下虽然新立了卫皇后和卫太子，但方术之士早有着自己的算盘，卫皇后的家族因为卫青军功起家，方士之流一向不被卫氏家族所看好。对神仙方士来说，不喜欢方术的卫氏太子集团一旦上位，也就意味着他们的地位将急转直下……"

话未说完，董仲舒只觉得天旋地转，有些晕眩。

"因此，拉下太子，推其代理人上位，已经成为了这些人的首选目标。"吕步舒上前，搀扶住了他，并抢先一步说出了答案。

"对于《春秋》，当今皇上喜好公羊《春秋》之学，而卫太子刘据爱好谷梁《春秋》。卫家人卫青、霍去病依靠军功，不与神仙家和方士为伍，而这样的卫太子集团一旦上位，必然影响神仙家和方士的地位。神仙家和方士暗中都希望阻止刘据继承大统，而制造授命舆论又是他们的强项。兵家如李夫人家的李广利，自然是希望李夫人所生的刘髆能取代卫家的刘据。卫太子生性仁厚，平反了太多法家的冤假错案，因此和江充结下了私人恩怨。这么一来，神仙家、法家、兵家……都有人想将卫太子置之死地。"董仲舒抿了抿嘴，眼眶一红，就此顿住了。

此刻，他仿佛还想做点什么，但手指忽然就不听使唤了，不知怎的，耳边就传来了毛笔摔落在地上的声音……

四

征和二年（前91）七月，江充自称在太子刘据的宫里挖到了人偶。刘据不想重蹈公子扶苏的覆辙，决定起兵反抗，这就是汉武帝时著名的"巫蛊之祸"。然而，太子最终还是失败了……

十年之后，年老的刘彻孤身立于湖边，身后的宫殿匾额用苍劲的字体写着——"思子宫"。经历了致使卫太子自杀的这场大乱，国家总算重回平静。

金色的光芒落在波光粼粼的湖面之上，漫长的黑夜终于被晓光撕裂。刘彻仿佛又看到了那粗麻布衣的青年，那轮廓时而又模糊起来，一瞬间，刘彻仿佛重新看到了他的笑容。暮年的刘彻忍不住再次伸出手去，这一次，光芒却化作碎片，消散在了指缝之间。

刘彻身边，最近新来了一个名叫田千秋的小郎官，他一来便上书为太子鸣冤，帮助太子平反："太子当时受到了奸臣的陷害，处于和秦朝公子扶苏一样的境遇，他起兵只是为了自保，并不是想要造反。"

"朕还以为，董仲舒去世后，就不会有人敢于揭发太子冤屈的真相了。唉，如果他还在……"

"我是梦见一位白发老翁，教我上此奏章的。"小郎官说道。

刘彻沉默不语，眼神里却闪烁着混杂了泪水的光芒，恍恍惚惚中，仿佛又看见了那个身影。

"即便有你的《春秋》之学作为指引，但朕依旧感到前路漆黑，朕时时记着那北邙山间的初逢。"

太阳底下，麦田泛起一片金光，从马背上望去，远处长安城的巍峨楼宇显露出磅礴的气势。

刘彻收回缰绳，金色的丝履"嗒"的一声落在了结实的黄土上。

"陛下，那边是臣子董仲舒的墓地，您用不着亲自下马凭吊。"

"陛下，您去哪？"

"下马陵。我去看看董仲舒的墓地。"

"什么？虾蟆陵？""下马"和"蛤蟆"读音近似，跟在后面的侍从有些恍惚。

"是下马陵。这里，以后就叫下马陵。"

董仲舒
生平简表

●◎汉惠帝时期（前195—前188）

董仲舒出生于广川。

●◎景帝前元四年（前153）

董仲舒一心治学，不置家产，弟子众多，与胡毋生同为
博士。

●◎汉景帝七年（前150）

正月，刘荣母亲栗姬失宠，刘荣被废为临江王，胶东王刘彻
取代刘荣成为皇太子。

●◎汉景帝中元二年（前148）

河间献王请教董仲舒《孝经》。

前太子刘荣被逼自杀。

●◎汉武帝建元元年（前140）

甲子日，刘彻即皇帝位，刘彻尊其祖母窦氏为太皇太后，尊其母王氏为皇太后。

十月，诏举贤良，董仲舒等人参加对策。

董仲舒出任江都王刘非国相。刘非十分尊重董仲舒。

●◎建元二年（前139）

十月，赵绾、王臧下狱死；丞相窦婴，太尉田蚡免。

●◎建元六年（前135）

二月，辽东高庙火灾。四月，长陵高园便殿着火。

六月，汉武帝重新启用田蚡为丞相，黜退黄老之学，儒学兴起。

●◎汉武帝元光五年（前130）

江都王刘非上书请击匈奴，引起汉武帝的猜忌。于是武帝打算将江都国相董仲舒废为中大夫。

●◎元光六年（前129）

董仲舒被废为中大夫后，在家中著书，并为汉高祖陵园火灾一事，写作了《灾异之记》。主父偃偷窃书稿，交给汉武帝。武帝看后有所不满，将董仲舒所写的文章召示诸生，董仲舒弟子吕步舒没有认出是老师所写，认为其言论下愚并且大加批判。于是董仲舒下狱当死，后被武帝赦免，恢复了太中大夫的官职。

●◎元朔六年（前123）

董仲舒与胶西王相善，胶西王因为董仲舒是著名的大儒，对他始终比较尊重。

●◎元狩元年（前122）

董仲舒由胶西王相辞官致仕，从此专心居家著书。朝廷每有大事商议，汉武帝经常派张汤等人前去请教。

●◎征和二年（前91）

"巫蛊之祸"开始，刘据起兵诛江充，兵败自杀，卫子夫也
被逼自杀。董仲舒在此之前的某个时间猝然长逝。